Nina Witt

everyday vegan food

Nina Witt

everyday vegan food

70 einfache Rezepte für jeden Tag

südwest

Inhalt

Kapitel 2 – Salate & Bowls 39

Kapitel 3 – Meal Prep 57

Kapitel 4 – Hauptgerichte 79

♥-lich willkommen in meinem Kochbuch!

Einfach vegan kochen, mit leicht erhältlichen Zutaten aus dem Alltag. Mit keinem geringeren Anspruch habe ich dieses Kochbuch geschrieben. Gewürzt habe ich es mit einer großen Prise Erfahrung und vor allem Liebe! Von Snacks über Hauptgerichte bis zu Kuchen und Dessert – es ist alles dabei.
Ich nehme dich an die Hand, von Anfang an.

Hallo, mein Name ist Nina,
für manche bin ich Frau Witt,
für andere Foodykani.

Was ich unter dem Pseudonym **@foodykani** auf Instagram und in meinem Foodblog schon lange mit meiner Community teile, möchte ich als gesammeltes Werk nun auch als klassisches Kochbuch vorstellen – das ist in der Küche schnell zur Hand und auch als Geschenk eine tolle Idee.

Mit den Rezepten aus meinem Kochbuch wirst du sofort in der Lage sein, köstliche vegane Rezepte im Handumdrehen zuzubereiten. So kannst du deinen veganen Alltag für dich und deine Liebsten einfach, gesund und frustfrei gestalten. Gut für dich und deine Lieben, noch besser für deine Gesundheit und großartig für unseren Planeten.

Tauch mit mir ein in die Welt des einfachen veganen Kochens mit alltäglichen Zutaten aus dem Supermarkt um die Ecke. Los geht's!

♥

Nina

Vegan im Alltag

Vegane Ernährung – warum?

Vegan ist mehr als nur ein Trend, vegan ist gekommen, um zu bleiben. Aus vielen Küchen ist die Alternative zu tierischen Produkten längst nicht mehr wegzudenken. Vegane Ernährung bedeutet weder Eintönigkeit noch kulinarische Einschränkungen. Von Verzicht kann hier also ganz und gar nicht die Rede sein.

Ich gebe dir einen Einblick in die einfache und frustfreie vegane Küche und zeige dir, wie du sie ganz praktikabel in deinen Alltag integrieren kannst – vielseitig, gesund, ausgewogen und sooo lecker.

Vegane Ernährung hat in den letzten Jahren immer mehr an Beliebtheit gewonnen. Die Gründe dafür sind vielseitig und reichen von Umweltbewusstsein über Tierliebe bis hin zu gesundheitlichen Aspekten.

Sich vegan zu ernähren bedeutet, keinerlei tierische Produkte zu sich zu nehmen. Das umfasst nicht nur Fleisch, Fisch und Meeresfrüchte, sondern auch Milchprodukte, Eier und Honig.

Studien zeigen, dass Veganer*innen oft niedrigere Cholesterinwerte haben, ein geringeres Risiko für Herzkrankheiten und Typ-2-Diabetes aufweisen und weniger an Übergewicht leiden. Eine vegane Ernährung kann signifikant zu einem gesünderen und energiegeladenen Lebensgefühl beitragen. Nicht umsonst wird oft gesagt: »Du bist, was du isst.«

Neben ethischen und gesundheitlichen Gründen sind es auch Umweltgründe, die viele Menschen dazu bewegen, vegan zu leben. Die Tierhaltung ist eine der größten Quellen für Treibhausgasemissionen, die als Folge zur Klimaerwärmung beitragen. Auch der enorme Wasserverbrauch und die Abholzung von Wäldern für die Tierhaltung haben negative Auswirkungen auf die Umwelt.

Um vegan zu leben, werden tierische Produkte durch pflanzliche Alternativen ersetzt. Glücklicherweise gibt es heutzutage eine Vielzahl von pflanzlichen Lebensmitteln, die eine gesunde und ausgewogene Ernährung ermöglichen. Hülsenfrüchte, Nüsse, Samen, Vollkornprodukte, Obst und Gemüse sind nur einige Beispiele für vegane Lebensmittel, die reich an Nährstoffen sind und sich ideal für eine ausgewogene Ernährung eignen.

Insgesamt ist die vegane Ernährung eine Möglichkeit, bewusster und nachhaltiger zu leben, was sowohl der eigenen Gesundheit als auch der Umwelt und anderen Lebewesen zugutekommt.

»Vegane Ernährung ist einseitig« – Nährstoffbedarf und pflanzliche Proteinquellen

Immer wieder wird behauptet, dass die vegane Ernährung einseitig sei und nicht ausreichend Nährstoffe liefere. Doch stimmt das?

Grundsätzlich kann eine vegane Ernährung genauso ausgewogen und gesund sein wie eine Ernährung mit tierischen Produkten. Es ist jedoch wichtig, sich bewusst mit der Zusammenstellung der Mahlzeiten und den enthaltenen Nährstoffen auseinanderzusetzen, um eine optimale Versorgung sicherzustellen.

Insbesondere die Frage nach Proteinen stellt sich häufig, da tierische Produkte oft als die beste Quelle für diesen Nährstoff angesehen werden. Auch die vegane Ernährung kann diesen und alle anderen notwendigen Nährstoffe liefern, wenn sie sorgfältig zusammengestellt wird.

PROTEINE sind essenziell für unseren Körper, da sie als Bausteine für Muskeln, Knochen und Organe dienen. Veganer*innen können ihren Proteinbedarf durch eine Vielzahl von pflanzlichen Quellen decken, wie zum Beispiel Soja (Tofu, Tempeh, Sojasprossen, bzw. Mungbohnensprossen), Hülsenfrüchte (Linsen, Bohnen, Kichererbsen etc.), Nüsse, Samen und Vollkornprodukte. Dabei ist es wichtig, eine ausreichende Menge an Protein aus verschiedenen Quellen zu sich zu nehmen, um den Körper mit allen essenziellen Aminosäuren zu versorgen.

Neben Proteinen gibt es noch weitere wichtige Nährstoffe, die in der veganen Ernährung beachtet werden sollten. Hierzu zählen zum Beispiel Eisen, Calcium, Zink, Omega-3-Fettsäuren und Vitamin B12.

EISEN ist ebenfalls in pflanzlichen Lebensmitteln wie Hülsenfrüchten, grünem Gemüse und Vollkornprodukten zu finden, jedoch ist die Aufnahme von pflanzlichem Eisen im Körper geringer als bei tierischem Eisen. Durch den Verzehr von Vitamin-C-reichen Lebensmitteln wie Orangen oder Paprika kann die Aufnahme jedoch gesteigert werden.

CALCIUM ist in vielen pflanzlichen Lebensmitteln wie Brokkoli, Grünkohl oder Mandeln enthalten, allerdings ist die Absorption im Körper niedriger als bei tierischem Calcium. Hier können angereicherte Produkte oder Nahrungsergänzungsmittel helfen.

ZINK ist in Nüssen, Samen und Vollkornprodukten enthalten.

OMEGA-3-FETTSÄUREN sind hauptsächlich in fettreichem Fisch zu finden, sie können auch aus pflanzlichen Quellen wie Leinsamen, Chiasamen oder Walnüssen gewonnen werden.

VITAMIN B12 ist nur in tierischen Produkten oder in damit angereicherten Lebensmitteln enthalten, daher sollte es am besten durch eine Supplementierung von Nahrungsergänzungsmitteln aufgenommen werden.

Es ist also möglich, eine vegane Ernährung ausgewogen und nährstoffreich zu gestalten, jedoch erfordert das ein gewisses Maß an Wissen und Planung. Eine individuelle Beratung durch eine*n Ernährungsberater*in kann dabei helfen, eine optimale Versorgung sicherzustellen.

Vegan backen und kochen

Veganes Kochen und Backen bieten unendlich viele Möglichkeiten, leckere und gesunde Gerichte zu zaubern. Im Folgenden werde ich auf einige Aspekte des veganen Kochens und Backens eingehen:

1. Pflanzliche Ersatzprodukte: Es gibt mittlerweile zahlreiche pflanzliche Ersatzprodukte für tierische Produkte wie Fleisch, Milch, Eier oder Sahne. Diese sind in vielen Supermärkten oder auch online erhältlich und können als Alternative verwendet werden.

2. Gewürze und Kräuter: Gewürze und Kräuter sind die Würze des Lebens und verleihen veganen Gerichten das gewisse Extra. Zum Beispiel können Curry, Kurkuma und Koriander einen asiatischen Touch verleihen, während Thymian, Rosmarin und Oregano mediterranes Flair verbreiten.

3. Pflanzendrinks: Anstelle von Kuhmilch können Pflanzendrinks wie Hafer-, Mandel- oder Sojadrink verwendet werden. Diese sind nicht nur vegan, sondern auch laktosefrei und somit auch für Menschen mit Laktoseintoleranz geeignet.

4. Nüsse und Samen: Nüsse und Samen sind wahre Allrounder in der veganen Küche. Sie können zum Beispiel in Müslis, als Topping auf Salaten oder in Dressings verwendet werden. Auch als pflanzliche Eiweißquelle sind sie hervorragend geeignet.

Beim Backen gibt es viele vegane Alternativen zu tierischen Produkten. So können etwa Eier durch Apfelmus, Bananen oder Leinsamen ersetzt werden. Zum Beispiel entsprechen 2 Esslöffel Apfelmus oder eine halbe zerquetschte Banane einem Ei. Auch Butter lässt sich gut durch pflanzliche Margarine, pflanzliche Butteralternativen oder Öl ersetzen.

Insgesamt bietet die vegane Küche eine Vielzahl an Möglichkeiten, gesunde und abwechslungsreiche Gerichte zu zaubern.

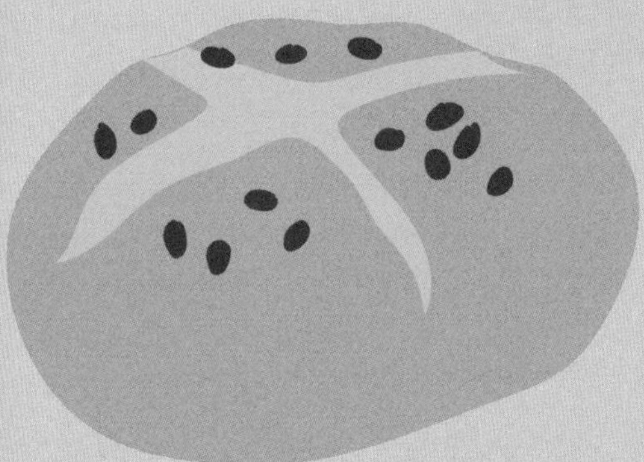

Vegane Ernährung – Tipps & Lebensmittelbasics

Die Umstellung auf vegane Ernährung kann zunächst eine Herausforderung darstellen, besonders wenn man jahrelang tierische Produkte konsumiert hat. Anfangs kann es schwierig sein, sich zu orientieren und die richtigen Lebensmittel zu finden. Doch mit ein paar Tipps und Tricks wird der Einkauf von veganen Lebensmitteln gelingen, und die vegane Ernährung kann schnell in den Alltag integriert werden.

Frisches Obst und Gemüse, Vollkornprodukte, Hülsenfrüchte, Nüsse und Samen sind wichtige Bestandteile einer ausgewogenen veganen Ernährung. Es gibt mittlerweile eine Vielzahl an pflanzlichen Milch- und Sahnealternativen wie Sojadrink, Mandeldrink oder Haferdrink, Hafer- oder Sojacuisine, vegane Fleischalternativen wie Tofu, Seitan oder Tempeh sowie auch vegane Käsealternativen auf Cashew- oder Mandelbasis.

Welche Basic-Lebensmittel kann ich dir für den Vorratsschrank empfehlen und was sollte man immer zu Hause haben, wenn einen plötzlich der Hunger überkommt?

HALTBARE LEBENSMITTEL:

- Agavendicksaft
- Vegane Crème fraîche
- Cremige Kokosmilch
- Haferflocken
- Hafer- und Sojacuisine
- Hülsenfrüchte wie Linsen, Bohnen, Kichererbsen (im Glas oder als Konserve)
- Jasminreis
- Kartoffeln
- Knoblauch
- Mais (im Glas oder als Konserve)
- Mehl (Weizen-, Vollkorn-, Roggenmehl)
- Nudeln
- Nüsse
- Nussmus (z. B. Haselnuss- oder Mandelmus)
- Öle (Olivenöl, Kokosöl, Bratöl)
- Pflanzliche Milchalternative (z. B. Hafer-, Mandel- und Sojadrink)
- Pflanzliche Schlagsahne
- Rote Linsen
- Schwarze (Beluga-)Linsen
- Speisestärke
- Stückige Tomaten aus der Dose
- Tomatenmark
- Veganer Parmesan
- Zartbitterschokolade (ist in der Regel vegan, oft ohne entsprechend gekennzeichnet zu sein)
- Quinoa und Bulgur
- Zwiebeln

FRISCHE LEBENSMITTEL:

- 2–3 deiner Lieblingsgemüsesorten wie Paprika, Zucchini, Spinat
- Frischer Salat
- Kresse oder Frühlingszwiebeln
- Saisonales Obst wie Äpfel, Beeren, Orangen, Bananen
- Pflanzliche Butter oder Margarine
- Pflanzlicher Joghurt
- Vegane Streichcreme (wie Frischkäsealternative, Natur oder mit Kräutern)
- Tofu und Tempeh

GEWÜRZE:

- Chiliflocken (in der Mühle)
- Currypulver
- Kreuzkümmel
- Kurkuma
- Oregano
- Paprikapulver rosenscharf
- Pfeffer (in der Mühle)
- Rosmarin
- Sojasauce
- Thymian
- Tiefgekühlte Kräuter (8-Kräuter-Mischung, italienische Kräuter)
- Zimt

Küchengeräte und Einkaufstipps

Vielleicht besitzt du eine Küchenmaschine, mit der sich viele meiner Rezepte einfach zubereiten lassen. Aber auch ein Handmixer, ein Multizerkleinerer oder ein Pürierstab sind bestens geeignet.

Die Zutaten in meinen Rezepten kannst du alle in einem herkömmlichen Supermarkt kaufen.

Mir ist besonders wichtig, dass auch Menschen in ländlichen Regionen, wo die Einkaufsauswahl deutlich eingeschränkter ist als in Ballungszentren, die Lebensmittel problemlos einkaufen können.

Das Angebot an Produkten auf rein pflanzlicher Basis wird immer größer, und auch Discounter haben mittlerweile ihre eigenen veganen Sortimente, wo sich ein genaueres Hinschauen lohnt. Hier achte ich immer zusätzlich auf die Nachhaltigkeit.

Wirf beim nächsten Einkauf einen Blick auf die Inhaltsstoffe (nicht alle veganen Produkte sind auch tatsächlich als vegan gekennzeichnet) oder achte auf bestimmte Label, die das Produkt als vegan auszeichnen. In vielen Supermärkten gibt es sogar schon vegane Abteilungen, die es dir bei deinem Einkauf noch einfacher machen.

Mit etwas Planung und der richtigen Auswahl an Lebensmitteln kann auch ohne tierische Produkte eine ausgewogene, köstliche und gesunde Ernährung praktiziert werden.

Meine Everyday-Favourites

Mein Lieblingsfrühstück

Wer kennt es nicht? Morgens muss es manchmal extra schnell gehen. Ein wichtiger Termin steht an, die Arbeit wartet oder der Hunger ist besonders groß. Ich habe ein Lieblingsfrühstück, das ich in genau solchen Situationen zubereite.

Zutaten

200 ml Mandeldrink
100 g Haferflocken
2 TL Zimt
½ Apfel
1 TL zerkleinerte Haselnüsse
1 TL Haselnussmus

Zubereitung

1. Mandeldrink aufkochen, Haferflocken und Zimt hinzugeben. 10 Minuten quellen lassen.

2. Den Apfel in kleine Stücke schneiden. Die Haferflocken-Mischung in ein Schälchen füllen und mit Apfelstückchen, Haselnüssen und Haselnussmus garnieren.

3. Das perfekte Frühstück, das lange sättigt und sich auch gut als Meal Prep eignet. Es kann einen Tag vorher zubereitet und über Nacht im Kühlschrank gelagert werden.

Und manchmal muss auch ein schneller Snack zwischendurch sein ...

Ein paar Ideen, die dir den Tag verzaubern:

- Bananenstücke mit 1 TL Haselnussmus (oder einem anderen Nussmus)
- Datteln gefüllt mit Nussmus
- Raw Bites (siehe Rezept S. 123)
- eine Handvoll Nüsse
- Gemüsesticks mit Dip
- 300 g Mandeljoghurt mit 1 TL Agavendicksaft, Mandelsplittern und frischem Obst
- Reiswaffeln bestrichen mit Erdnussmus und mit Bananenscheiben belegt

Es gibt viele köstliche vegane Snack-Optionen, die gesund sind und dir Energie für den ganzen Tag geben können.

Kapitel 1

Frühstücks-ideen

Knuspriges Schoko-Granola

Zutaten

120 g	Kokosöl
350 g	Haferflocken
40 g	Backkakao
50 g	gehobelte Mandeln
80 g	Agavendicksaft
100 g	Zartbitterschokolade

ZUBEREITUNGSZEIT
60 Minuten inkl. Backzeit

MENGE
8 Portionen

TIPP
Als Frühstücksidee kann das Granola mit Kokosjoghurt und frischen Beeren in kleine Gläser geschichtet werden. In einem Glas ist es gut verschlossen ca. 2 Wochen haltbar. Es eignet sich sehr gut als Geschenk und Mitbringsel.

Zubereitung

1. Den Backofen auf 160 °C (Umluft) vorheizen. Das Kokosöl bei mittlerer Temperatur in einem Topf schmelzen.

2. Haferflocken, Backkakao und gehobelte Mandeln in einer Schüssel vermengen. Dann das geschmolzene Kokosöl und den Agavendicksaft dazugeben und alles gut miteinander vermischen.

3. Die Masse auf ein mit Backpapier ausgelegtes Backblech streichen und 5 Minuten backen, bis sie auf der Oberseite knusprig ist. Dann das Granola mit einem Pfannenwender wenden und weitere 10 Minuten backen. Das Granola muss nach der Backzeit vollständig auskühlen (30 Minuten), bevor es in Stücke gebrochen werden kann.

4. Die Schokolade mit einem Messer in Splitter hacken und die Schokosplitter unter das abgekühlte Granola mischen.

Süße Frühstücksbrötchen

Zutaten

½	Würfel frische Hefe
250 ml	lauwarmer Mandeldrink
500 g	Weizenmehl Type 405
80 g	weiche vegane Butter
80 g	Zucker
100 g	Zartbitter-Schokostückchen
4 EL	Hafercuisine

ZUBEREITUNGSZEIT
90 Minuten inkl. Backzeit

MENGE
10 Brötchen

Zubereitung

1. Hefe im lauwarmen Mandeldrink unter vorsichtigem Rühren auflösen.

2. Mehl, Butter und Zucker in einer Rührschüssel vermischen. In die Mehlmischung eine Mulde drücken und die Hefemischung hineingießen. Die Zutaten gut miteinander verkneten, bis eine feste Teigmasse entsteht. Anschließend die Schokostückchen dazugeben und nochmals gut durchkneten.

3. Den Teig in der Rührschüssel mit einem sauberen Küchenhandtuch abdecken und an einem warmen Ort 1 Stunde gehen lassen.

4. Nach der Gehzeit den Backofen auf 180 °C (Umluft) vorheizen. Den Teig nochmals gut durchkneten und anschließend zu kleinen Brötchen formen. Je nach Anlass kann man auch Keks-Ausstechformen nutzen.

5. Zum Schluss die Brötchen mit einem Pinsel mit der Hafercuisine bestreichen und 15 Minuten auf der mittleren Schiene im Ofen backen.

Knackfrische Sonntagsbrötchen

Zutaten

½	Würfel frische Hefe
2 TL	Agavendicksaft
250 g	Roggenmehl Type 1150
250 g	Weizenmehl Type 405 + etwas für die Hände
2 TL	Salz
300 ml	ungesüßter Sojadrink
3 EL	Sonnenblumenkerne

ZUBEREITUNGSZEIT
60 Minuten inkl. Backzeit

MENGE
ca. 8 mittelgroße Brötchen

Zubereitung

1. Hefe in einem Schälchen mit Agavendicksaft verrühren, bis sie sich auflöst.

2. Roggen- und Weizenmehl mit Salz in einer Schüssel vermischen. Sojadrink und Hefemischung hinzufügen und alles gut miteinander verkneten (am besten in einer Küchenmaschine), bis ein fester Teig entsteht.

3. Die Hände mit etwas Mehl bestäuben, damit der Teig nicht zu sehr daran kleben bleibt. Aus dem Teig ca. 8 mittelgroße Brötchen formen. Diese auf ein mit Backpapier ausgelegtes Backblech legen und entweder mit etwas Mehl bestäuben oder mit Sonnenblumenkernen dekorieren.

4. Die Brötchen ca. 35–40 Minuten bei 200 °C (Ober-/Unterhitze) im Ofen backen, bis sie knusprig sind. Nach 20 Minuten Backzeit mit einem Messer oben in die Brötchen vorsichtig ein Kreuz schneiden, damit sie gut aufgehen.

»Fit & gesund«-Brot

Zutaten

150 g	Haselnüsse
150 g	Mandeln
200 g	Sonnenblumenkerne
100 g	Leinsamen
50 g	Flohsamenschalen
2 TL	Salz
500 ml	Wasser
50 ml	Olivenöl
2 TL	Agavendicksaft

Utensilien:
Kastenform (28 cm Länge)

ZUBEREITUNGSZEIT
3 Stunden inkl. Backzeit

MENGE
15 Scheiben

Zubereitung

1. Haselnüsse und Mandeln hacken (nicht mahlen). Anschließend alle trockenen Zutaten sowie das Salz in einer großen Rührschüssel vermischen.

2. Wasser, Olivenöl und Agavendicksaft dazugeben und zu einem Teig verarbeiten. Den Teig 1 Stunde gehen lassen.

3. Nach der Gehzeit den Backofen auf 180 °C (Umluft) vorheizen und die Backform mit Backpapier auslegen. Den Teig in die Backform füllen und auf mittlerer Schiene 90 Minuten im Ofen backen.

4. Bevor es angeschnitten wird, sollte das Brot vollständig auskühlen.

Schoko-Milchreis »Schwarzwälder Kirsch«

Zutaten

500 ml Mandeldrink
4 TL Backkakao
125 g Milchreis
4 TL Agavendicksaft
130 g Schattenmorellen (gesüßt, aus dem Glas)
200 ml Kirschsaft von den Schattenmorellen
1 EL Wasser
2 TL Speisestärke
200 g Kokosjoghurt
1 EL Zartbitter-Schokosplitter

ZUBEREITUNGSZEIT
50 Minuten inkl. Kochzeit

MENGE
4 Portionen

TIPP
Lauwarm schmeckt der Milchreis am besten. In einer Frischhaltedose kann er zwei Tage im Kühlschrank aufbewahrt werden.

Zubereitung

1. Den Mandeldrink in einem Topf mit dem Backkakao vermischen und unter ständigem Rühren aufkochen. Sobald der Mandeldrink kocht, den Milchreis dazugeben und den Agavendicksaft einrühren. Unter ständigem Rühren die Mischung kurz aufkochen und bei mittlerer Hitze weitere 25 Minuten köcheln lassen, bis der Reis weich ist.

2. Die Kirschen durch ein Sieb abgießen, den Kirschsaft in einer Schüssel auffangen und diesen in einem separaten Topf aufkochen.

3. Das Wasser in ein Schälchen füllen und die Speisestärke einrühren, sodass sie sich auflöst. Die Speisestärkemischung in den Kirschsaft rühren, bis dieser andickt. Die Kirschen hinzugeben und unter ständigem Rühren aufkochen, bis eine zähflüssige Masse entsteht.

4. Den Milchreis in Schälchen oder Gläser portionieren, als zweite Schicht den Kokosjoghurt daraufgeben. Als letzte Schicht die Kirschmasse auf den Kokosjoghurt füllen und mit ein paar Schokosplittern garnieren.

Müsli-Cupcakes

Zutaten

40 g Kokosöl
120 g Haferflocken
40 g Haselnüsse
6 EL Agavendicksaft
200 g Kokosjoghurt
1 TL Açaí-Pulver
100 g Brombeeren

Utensilien:
Backform für 12 Muffins
12 Muffin-Papierförmchen

ZUBEREITUNGSZEIT
50 Minuten inkl. Backzeit

MENGE
12 Cupcakes

TIPP
Die Müsli-Cupcakes halten sich ohne Füllung 3 Tage in einer Frischhaltedose im Kühlschrank, sodass man sie nach Bedarf frisch befüllen und genießen kann.

Zubereitung

1. Den Backofen auf 180 °C (Ober-/Unterhitze) vorheizen. Die Muffin-Backform mit den Papierförmchen auslegen.

2. Das Kokosöl in einem Topf bei mittlerer Hitze schmelzen. Dann in einer Schüssel das Kokosöl mit Haferflocken, Haselnüssen und Agavendicksaft zu einer homogenen Masse vermischen.

3. Die Masse in die Muffinförmchen füllen und mit dem Boden eines kleinen Glases ein Loch in die Mitte der Cupcakes drücken. Mit den Fingern sollte noch zusätzlich ein kleiner Rand geformt werden, sodass eine Mulde für die Füllung entsteht.

4. Die Cupcakes im vorgeheizten Backofen für 15 Minuten backen, bis sie goldbraun sind. Anschließend 15 Minuten in der Form abkühlen lassen, da sie sonst brechen.

5. Den Joghurt in einer separaten Schüssel mit dem Açaí-Pulver verrühren. Die Cupcakes mit der Joghurtmasse befüllen und mit den Beeren garnieren.

Schokoladige Baked Oats

Zutaten

300 ml	Mandeldrink
2 EL	Backkakao
2 TL	Zimt
150 g	Haferflocken
1 TL	Agavendicksaft
10	Haselnüsse
20 g	Zartbitter-Schokodrops

Utensilien:
kleine Auflaufform

ZUBEREITUNGSZEIT
25 Minuten inkl. Backzeit

MENGE
2 Portionen

TIPP
Kurz abkühlen lassen und am besten lauwarm genießen!

Zubereitung

1. Den Backofen auf 180 °C (Ober-/Unterhitze) vorheizen.
2. Den Mandeldrink mit Backkakao und Zimt in einem Messbecher verrühren. Haferflocken und Agavendicksaft in eine Schüssel geben und die Mandeldrinkmischung unterrühren.
3. Den Teig 5 Minuten quellen lassen und danach in die Auflaufform füllen. Die Haselnüsse mit einem Messer hacken und mit den Schokodrops auf den Teig streuen.
4. Die Baked Oats werden für 15 Minuten im Backofen gebacken und sind dann servierfertig.

Double-Chocolate-Bananenbrot

Zutaten

3	mittelgroße, reife Bananen
200 g	Dinkelmehl Type 630
1	Päckchen Backpulver
3 EL	Backkakao
5	Datteln
1	Handvoll gehackte Walnüsse
80 ml	neutrales Speiseöl
200 ml	Mandeldrink
2 EL	Agavendicksaft
100 g	Zartbitter-Schokostückchen

Utensilien:
Kastenform (25 cm Länge)

ZUBEREITUNGSZEIT
60 Minuten inkl. Backzeit

MENGE
Ca. 10 Scheiben

TIPP
Das Bananenbrot ist innen von der Konsistenz etwas fudgy. In Backpapier gewickelt und kühl aufbewahrt bleibt es 3 Tage frisch.

Zubereitung

1. Den Backofen auf 180 °C (Ober-/Unterhitze) vorheizen.
2. Die Bananen schälen und mithilfe einer Gabel in einer Schüssel zerdrücken.
3. Mehl, Backpulver und Backkakao in eine separate Schüssel geben und vermischen. Datteln und Walnüsse klein schneiden und zu den trockenen Zutaten in die Schüssel geben. Öl, Mandeldrink, Agavendicksaft sowie die zerdrückten Bananen dazugeben und alles im Mixer zu einem cremigen Teig verarbeiten.
4. Die Kastenform mit Backpapier auslegen und mit dem Teig befüllen. Die Schokostückchen auf den Teig streuen.
5. Das Bananenbrot auf mittlerer Schiene 45 Minuten backen.

Sommerbeeren-Marmelade

Zutaten

500 g	frische Beeren, z. B. Himbeeren, Blaubeeren, Erdbeeren
250 g	Gelierzucker (2:1)
1 EL	Zitronensaft

ZUBEREITUNGSZEIT
20 Minuten inkl. Kochzeit, Gelierzeit 4 Stunden

MENGE
2 Gläser

TIPP
Die Marmelade eignet sich als Geschenk: Mit einer Schleife versehen sieht das Glas noch schöner aus. Falls Beeren nicht nach deinem Geschmack sind, kannst du sie durch beliebiges Obst ersetzen.

Zubereitung

1. Die Beeren waschen und pürieren.

2. Alle Zutaten zusammen in einem Topf aufkochen. Dann unter ständigem Rühren weitere 4 Minuten kochen.

3. Die heiße Marmelade in Gläser füllen und direkt mit dem Deckel verschließen. Nach 4 Stunden ist die Marmelade fest und servierfertig.

100%
homemade

Kapitel 2

Salate & Bowls

Griechischer Nudelsalat

Zutaten

1 TL	Salz
300 g	kleine griechische Nudeln (Kritharaki oder Orzo)
½	Salatgurke
100 g	veganer Feta
1	rote Paprikaschote
1	gelbe Paprikaschote
1	orange Paprikaschote
4	Stängel frische Petersilie
½	kleine rote Zwiebel
15	grüne Oliven
50 g	getrocknete Tomaten, in Öl eingelegt
200 g	weiße Bohnen (gekocht, aus der Dose)
½	Zitrone

Für das Dressing:

½	kleine rote Zwiebel
6 EL	Olivenöl
4 EL	weißer Balsamico
8 EL	Wasser
1 TL	Senf
1 TL	Gemüsebrühepulver
1 TL	Salz
1 EL	Zitronensaft

ZUBEREITUNGSZEIT
30 Minuten inkl. Kochzeit

MENGE
6 Portionen

TIPP
Am besten schmeckt der Salat leicht gekühlt aus dem Kühlschrank.

Zubereitung

1. In einem großen Topf ausreichend Wasser erhitzen. In das kochende Wasser 1 Teelöffel Salz und die Nudeln geben. Nach der auf der Packung angegebenen Kochzeit das Nudelwasser durch ein Küchensieb abgießen und die Nudeln mit kaltem Wasser abspülen. Die Nudeln in dem Abtropfsieb 15 Minuten abkühlen lassen. Sie sollten regelmäßig mit einem Löffel durchgemengt werden, damit auch die unteren Nudeln abkühlen.

2. Gurke, Feta und Paprika waschen. Die Paprika halbieren und entkernen. Gurke, Feta und Paprika in kleine Stücke schneiden. Die Petersilie ebenfalls waschen und grob hacken. Die Zwiebel abziehen und in kleine Würfel schneiden. Die Oliven halbieren. Die eingelegten Tomaten abtropfen lassen und in Stückchen schneiden. Die Bohnen in einem Sieb unter kaltem Wasser kurz abspülen und abtropfen lassen.

3. Für das Dressing die andere Hälfte der Zwiebel abziehen und fein würfeln. Alle weiteren Zutaten für das Dressing miteinander vermischen und die Zwiebelwürfel hinzugeben.

4. Die Nudeln und alle anderen Zutaten für den Salat (bis auf die halbe Zitrone) in eine große Schüssel füllen. Das Dressing darüber geben und untermischen.

5. Den Nudelsalat mit Salz abschmecken. Zum Schluss die halbe Zitrone über dem Salat auspressen.

Sommerlicher Brotsalat

Zutaten

30 g	Pinienkerne
150 g	frischer Spinat
300 g	Cherrytomaten
1	rote Zwiebel
150 g	getrocknete Tomaten, in Öl eingelegt + 5 EL Öl davon als Dressing
200 g	Ciabatta
3 EL	Bratöl
1 TL	Salz

ZUBEREITUNGSZEIT
20 Minuten inkl. Kochzeit

MENGE
6 Portionen

TIPP
Am besten schmeckt der Salat frisch mit lauwarmen Brotwürfeln.

Zubereitung

1. In einer Pfanne bei hoher Temperatur die Pinienkerne (ohne Zugabe von Öl) 3 Minuten unter ständigem Wenden goldbraun rösten. Sobald sie braun sind, in eine Schale füllen (Vorsicht: Auch wenn die Pfanne vom Herd genommen wird, bräunen die Pinienkerne darin nach).

2. Spinat und Cherrytomaten waschen, die Zwiebel abziehen. Die Cherrytomaten vierteln und die Zwiebel in kleine Würfel schneiden.

3. Das Öl von den getrockneten Tomaten in ein Glas abgießen und die getrockneten Tomaten klein schneiden.

4. Das Ciabatta in kleine Würfel schneiden. In einer Pfanne das Bratöl erhitzen, die Brotwürfel hinzugeben und 4 Minuten von allen Seiten goldbraun braten. Die Brotstückchen mit 1 Teelöffel Salz würzen.

5. Alle Zutaten in einer großen Salatschüssel miteinander vermischen und das Öl der getrockneten Tomaten als Dressing über den Salat geben.

6. Zum Schluss den Salat mit Salz abschmecken, dann ist er servierfertig.

Lauwarmer Bulgursalat

Zutaten

300 g	Bulgur
700 ml	Wasser
2 TL	Salz
1	Zwiebel
1	rote Paprikaschote
1	gelbe Paprikaschote
1	Zucchini
2 EL	Bratöl
2 EL	Tomatenmark
1 TL	Salz
½ TL	gemahlene Chiliflocken
2	Stängel glatte Petersilie
100 g	veganer Feta

Utensilien:
hohe Pfanne oder Wok

ZUBEREITUNGSZEIT
30 Minuten inkl. Kochzeit

MENGE
4 Portionen

TIPP
Am besten schmeckt der Salat lauwarm. Das Gemüse kann nach Belieben durch andere Gemüsesorten ersetzt werden.

Zubereitung

1. Den Bulgur in einem feinen Küchensieb unter fließendem Wasser kurz abspülen. Anschließend den Bulgur in einen Topf mit 600 Milliliter Wasser und 1 Teelöffel Salz geben und bei hoher Temperatur zum Kochen bringen.

2. Sobald das Wasser siedet, die Temperatur auf die niedrigste Stufe reduzieren und den Bulgur unter regelmäßigem Umrühren 8 Minuten quellen lassen, bis das Wasser aufgesaugt und der Bulgur bissfest ist.

3. Währenddessen die Zwiebel abziehen und in kleine Würfel schneiden. Paprika und Zucchini waschen. Paprika halbieren und entkernen. Paprika und Zucchini in mundgerechte Stücke schneiden.

4. Das Bratöl in einer hohen Pfanne bei hoher Temperatur erhitzen. Sobald es heiß ist, die Zwiebelwürfel dazugeben und die Temperatur auf mittlere Stufe reduzieren. Unter ständigem Wenden die Zwiebeln 1 Minute goldbraun dünsten. Dann die Gemüsewürfel in die Pfanne geben und 2 Minuten unter ständigem Wenden mitdünsten.

5. In einem Messbecher das Tomatenmark mit 100 Milliliter Wasser verrühren und die Mischung ebenfalls in die Pfanne gießen. Alles zusammen 1 Minute bei mittlerer Temperatur köcheln lassen. Dann mit 1 Teelöffel Salz und gemahlenem Chilipulver würzen.

6. Den gegarten Bulgur in die Pfanne geben und unter das Gemüse mischen.

7. Die Petersilie waschen und hacken. Den Feta ebenfalls klein schneiden.

8. Den Bulgursalat bei Bedarf mit Salz abschmecken und in eine Schüssel füllen. Petersilie und Feta vor dem Servieren auf den Salat streuen.

Mediterraner Tomatensalat

Zutaten

600 g	Cherrytomaten
1	kleine rote Zwiebel
1	Stange Frühlingszwiebeln
100 g	getrocknete Tomaten, in Öl eingelegt + 4 EL Öl davon
50 g	Pinienkerne
1 TL	Salz

ZUBEREITUNGSZEIT
15 Minuten

MENGE
4 Portionen

TIPP
Der Salat ist die perfekte Beilage zum Grillen und schmeckt am besten frisch zubereitet. Man kann ihn allerdings auch gut vorbereiten, indem man alle Zutaten schneidet, aber noch nicht miteinander vermengt. Das Öl dann erst kurz vor dem Servieren dazugeben.

Zubereitung

1. Die Tomaten waschen und in Viertel schneiden. Die Zwiebel abziehen und in kleine Stücke schneiden. Die Frühlingszwiebelstange waschen und in Ringe schneiden. Die getrockneten Tomaten aus dem Öl nehmen und in kleine Stücke schneiden.

2. Die Pinienkerne in einer Pfanne 5 Minuten bei hoher Temperatur ohne Fett bzw. Öl unter ständigem Wenden goldbraun rösten und anschließend in eine kleine Schale umfüllen.

3. Alle Zutaten (bis auf die Pinienkerne) in eine große Salatschüssel geben und miteinander vermischen. Das Öl der getrockneten Tomaten dazugeben. Zum Schluss mit den Pinienkernen garnieren.

Bunte Sesam-Tofu-Bowl

Zutaten

400 g	Tofu
8 EL	Speisestärke
4 EL	Wasser
6 EL	Sojasauce
150 g	Sesam
50 g	schwarzer Sesam
3 EL	Bratöl
100 g	frischer Spinat
150 g	Cherrytomaten
1	Rote Bete (gekocht)
1	Avocado
300 g	gekochte Kichererbsen (aus der Dose, abgetropft)
150 g	Mais (aus der Dose, abgetropft)

Für das Dressing:

1 TL	Sojasauce
1 EL	Tahin (Sesammus)
1 EL	Zitronensaft
3 EL	Erdnussmus
8 EL	Wasser

ZUBEREITUNGSZEIT
30 Minuten inkl. Kochzeit

MENGE
4 Portionen

TIPP
Am besten schmecken die Tofuwürfel lauwarm auf der Bowl.

Zubereitung

1. Den Tofu mit doppelt gelegter Küchenrolle umwickeln, die Flüssigkeit herausdrücken und anschließend in Würfel schneiden.

2. Die Speisestärke in einem tiefen Teller mit dem Wasser und der Sojasauce vermischen, bis sie komplett aufgelöst ist. In einem zweiten tiefen Teller die beiden Sesamsorten miteinander vermischen.

3. Das Bratöl in einer Pfanne bei hoher Temperatur erhitzen. Sobald das Öl heiß ist, die Temperatur auf mittlere Stufe reduzieren. Währenddessen die Tofuwürfel panieren: Zuerst in der Soja-Mischung und danach im Sesam wälzen.

4. Die panierten Tofuwürfel in der Pfanne von jeder Seite insgesamt 5 Minuten goldbraun braten. Dann auf ein doppeltes Stück Küchenrolle legen, damit das Bratöl abtropfen kann.

5. Den Spinat und die Tomaten waschen, die Tomaten halbieren. Die Rote Bete in Scheiben schneiden. Die Avocado halbieren, den Kern herausnehmen, das Fruchtfleisch aus der Schale herauslösen und ebenfalls in Scheiben schneiden. Alle Bowl-Zutaten zusammen mit den Kichererbsen und dem Mais in 4 Schalen anrichten, die Tofuwürfel darauf verteilen.

6. Alle Zutaten für das Dressing mit 8 Esslöffeln Wasser in einem Becher gut miteinander verrühren und zum Schluss über die Bowls geben.

Orientalischer Salat

Zutaten

1	rote Paprikaschote
1	gelbe Paprikaschote
1	grüne Paprikaschote
100 g	veganer Feta
80 g	Granatapfelkerne
1	Handvoll Walnüsse
3	Stängel glatte Petersilie

Für das Dressing:

2 EL	weißer Balsamico
4 EL	Olivenöl
2 EL	Zitronensaft
1 TL	Salz
2 Prisen	Pfeffer

Zubereitung

1. Die Paprika waschen, halbieren und entkernen. Paprika und Feta klein schneiden und mit den Granatapfelkernen in einer Schüssel vermischen.

2. Die Walnüsse hacken, die Petersilie waschen und hacken. Beides zum Salat in die Schüssel geben.

3. Balsamico, Olivenöl, Zitronensaft, Salz und Pfeffer in einem hohen Gefäß mit einem Schneebesen verrühren. Das Dressing abschmecken und unter den Salat mischen.

ZUBEREITUNGSZEIT
15 Minuten

MENGE
5 Portionen

TIPP
Dazu schmeckt frisches Baguette oder gekochter Bulgur.

Quinoasalat

Zutaten

300 g	Quinoa tricolore
750 ml	Wasser
1 TL	Salz
1	Salatgurke
1	Avocado
4	Stängel glatte Petersilie
150 g	Mais (aus der Dose, abgetropft)
100 g	Granatapfelkerne

Für das Dressing:

Saft	von 2 Zitronen
1 TL	Agavendicksaft
1 TL	Senf
1 TL	Salz
2 EL	weißer Balsamico
4 EL	Olivenöl

ZUBEREITUNGSZEIT
30 Minuten inkl. Kochzeit

MENGE
6 Portionen

TIPP
Der Salat eignet sich hervorragend als Meal Prep. Das Dressing sollte im Kühlschrank separat aufbewahrt werden. In Frischhaltedosen sind Salat und Dressing 3 Tage haltbar. Wenn der Salat direkt als Meal Prep zubereitet wird, sollte die Salatgurke erst kurz vor dem Verzehr dazugegeben werden. Dann bleibt sie knackig.

Zubereitung

1. Die Quinoa in 750 Milliliter Wasser mit 1 Teelöffel Salz in einem großen Topf aufkochen. Sobald das Wasser kocht, die Temperatur auf mittlere Stufe reduzieren und die Quinoa unter gelegentlichem Umrühren 15 Minuten köcheln lassen, bis sie vollständig aufgequollen ist. Dann vom Herd nehmen und etwas abkühlen lassen.

2. Die Gurke waschen und in Scheiben schneiden. Die Avocado halbieren, den Kern entfernen, das Fruchtfleisch herauslösen und in Scheiben schneiden. Die Petersilie waschen und hacken. Den Mais kurz in einem Küchensieb unter fließendem Wasser abspülen.

3. Sobald die Quinoa nur noch lauwarm ist, werden alle Zutaten für den Salat untergemischt.

4. In einem Becher die Zutaten für das Dressing mit einem Schneebesen verrühren und dann über den Salat geben. Den Salat durchmischen, mit Salz abschmecken und lauwarm servieren.

Kartoffelsalat

Zutaten

400 g	festkochende Kartoffeln
2 TL	Salz + etwas für die Mayonnaise
100 ml	ungesüßter Sojadrink (Zimmertemperatur)
1 EL	weißer Balsamico
1 TL	Senf
100 ml	Sonnenblumenöl
10	Radieschen
80 g	saure Gürkchen
2	Stangen Frühlingszwiebeln

Zubereitung

1. Die ungeschälten Kartoffeln in ausreichend Wasser mit 2 Teelöffeln Salz ca. 20 Minuten kochen. Wenn sie weichgekocht sind, das Wasser abgießen und mit kaltem Wasser abspülen, dann beiseite stellen.

2. Sojadrink, Balsamico und Senf in eine Schüssel geben und mit einem Mixer 2 Minuten verrühren. Das Öl bei laufendem Mixer langsam dazugießen, bis die Flüssigkeit andickt. Wenn die Mayonnaise zu dünnflüssig sein sollte, mehr Öl dazugeben. Die Mayonnaise zum Schluss mit Salz abschmecken und beiseite stellen.

3. Radieschen und saure Gürkchen in Scheiben schneiden. Die gekochten Kartoffeln pellen und in feine Scheiben schneiden. Die Zutaten in einer großen Schüssel miteinander vermengen und die Mayonnaise dazugeben. Die Frühlingszwiebeln in Ringe schneiden und über den Kartoffelsalat streuen.

4. Abschließend den Salat mit Salz abschmecken und lauwarm servieren.

ZUBEREITUNGSZEIT
40 Minuten inkl. Kochzeit

MENGE
8 Portionen

TIPP
Im Kühlschrank hält sich die Mayonnaise in einem geschlossenen Gefäß 3 Tage. Vor Verzehr sollte sie noch mal gut umgerührt werden. Der Kartoffelsalat hält sich in einer Frischhaltedose im Kühlschrank 2 Tage.

Kapitel 3

Meal Prep

Hülsenfrüchte-Salat

Zutaten

250 g	Bulgur
500 ml	Wasser
1 TL	Salz
200 g	braune Linsen (gekocht)
140 g	Mais (aus der Dose, abgetropft)
200 g	gekochte Kichererbsen (aus der Dose, abgetropft)
1	rote Paprikaschote
100 g	veganer Feta

Für das Dressing:

1	Avocado
2 EL	Zitronensaft
1 TL	Salz
2	Stängel glatte Petersilie
½ TL	gemahlene Chiliflocken
6 EL	Wasser
8 EL	Olivenöl

ZUBEREITUNGSZEIT
35 Minuten inkl. Kochzeit

MENGE
4 Portionen

TIPP
In einer Frischhaltedose hält sich der Salat 3 Tage im Kühlschrank. Das Dressing sollte in einer separaten Dose aufbewahrt und kurz vor Verzehr mit dem Salat vermischt werden.

Zubereitung

1. Den Bulgur in 500 Milliliter Wasser mit 1 Teelöffel Salz in einem Topf bei hoher Temperatur kochen. Sobald das Wasser kocht, die Temperatur auf niedrigste Stufe reduzieren und den Bulgur 8 Minuten quellen lassen, bis das Wasser vollständig aufgesogen und der Bulgur bissfest ist.

2. Linsen, Mais und Kichererbsen in einem Küchensieb unter fließendem Wasser kurz abspülen. Die Paprika waschen, von Kernen befreien und klein schneiden, den Feta in Würfel schneiden.

3. Für das Dressing die Avocado halbieren, den Kern herausnehmen, das Fruchtfleisch aus der Schale herauslösen, in Stücke schneiden und diese zusammen mit Zitronensaft, Salz, Petersilie und Chiliflocken sowie 6 Esslöffeln Wasser in eine Küchenmaschine oder einen Mixer geben und zerkleinern. Dann das Olivenöl hinzugeben und vermixen.

4. Den lauwarmen Bulgur mit den restlichen Zutaten vermischen und das Dressing untermischen. Abschließend mit Salz abschmecken, dann ist der Salat servierfertig.

One-Pot-Reis-Curry

Zutaten

1	Zwiebel
3	kleine Karotten
1	kleine Zucchini
2 EL	Bratöl
5 TL	Currypulver
1½ TL	Kurkumapulver
300 g	Langkornreis
600 ml	Wasser
3 TL	Salz
250 ml	Kokosmilch
100 g	frischer Spinat
150 g	Mango (frisch oder TK aufgetaut)
1 TL	gemahlene Chiliflocken

ZUBEREITUNGSZEIT
30 Minuten inkl. Kochzeit

MENGE
4 Portionen

TIPP
Im Kühlschrank hält sich das Curry in einer Frischhaltedose 2 Tage.

Zubereitung

1. Die Zwiebel abziehen und in kleine Würfel schneiden. Karotten und Zucchini waschen und in mundgerechte Stücke schneiden.

2. Das Bratöl bei hoher Temperatur in einem Topf erhitzen. Sobald es heiß ist, die Zwiebelwürfel dazugeben und 2 Minuten unter ständigem Wenden dünsten. Wenn die Zwiebelwürfel goldbraun sind, die Temperatur auf mittlere Stufe reduzieren und das Currypulver, Kurkumapulver und den Reis hinzugeben. Unter ständigem Rühren kurz mitbraten.

3. Wasser, Salz, Kokosmilch und Gemüse (Zucchini, Karotten) dazugeben. Bei hoher Temperatur unter ständigem Rühren 10 Minuten kochen.

4. Spinat waschen, Mango schälen und in Würfel schneiden. Beides mit in den Topf geben. Alles weitere 5 Minuten bei mittlerer Hitze kochen.

5. Vor dem Servieren das Reisgericht mit gemahlenen Chiliflocken verfeinern und mit Salz abschmecken.

Knackige Protein-Bowl mit Quinoa

Zutaten

250 g	Quinoa tricolore
600 ml	Wasser
1 TL	Salz
400 g	gekochte Kichererbsen (aus der Dose, abgetropft)
1	Süßkartoffel
1	grüne Paprikaschote
1	gelbe Paprikaschote
2 EL	Bratöl
½	Salatgurke
4	Stängel glatte Petersilie

Für das Dressing:

5 EL	Olivenöl
Saft	von ½ Zitrone
1 TL	Salz
½ TL	frisch gemahlener Pfeffer
50 g	Granatapfelkerne

ZUBEREITUNGSZEIT
45 Minuten inkl. Kochzeit

MENGE
4 Portionen

TIPP
Die Quinoa-Bowl bleibt in einer Frischhaltedose im Kühlschrank 3 Tage frisch. Es ist empfehlenswert, das Dressing, Granatapfelkerne und Salatgurke separat aufzubewahren und erst kurz vor dem Verzehr zur Bowl hinzuzufügen.

Zubereitung

1. Die Quinoa in 600 Milliliter Wasser in einem Topf aufkochen. Sobald das Wasser kocht, die Temperatur auf mittlere Stufe reduzieren. 1 Teelöffel Salz dazugeben und die Quinoa 15 Minuten unter gelegentlichem Rühren quellen lassen.

2. Die Kichererbsen in einem Sieb unter fließendem Wasser abspülen und beiseite stellen. Süßkartoffel und Paprika waschen. Die Paprika halbieren und entkernen. Süßkartoffel und Paprika in mundgerechte Stücke schneiden. Die Süßkartoffel muss nicht geschält werden. In einer Pfanne das Bratöl erhitzen und die Süßkartoffelstücke 10 Minuten bei mittlerer Temperatur braten. Die Paprikastücke dazugeben und weitere 5 Minuten braten. Das gebratene Gemüse und die Quinoa 10 Minuten abkühlen lassen.

3. Die Salatgurke waschen und in mundgerechte Stücke schneiden. Die Petersilie waschen und hacken. In einer großen Schale Kichererbsen, gebratenes Gemüse, Quinoa, Salatgurke und Petersilie miteinander vermischen.

4. Für das Dressing Olivenöl mit Zitronensaft vermischen und über den Quinoasalat geben. Mit Salz und Pfeffer würzen.

5. Den Salat auf 4 Schälchen verteilen, die Granatapfelkerne als Topping darüberstreuen.

Gemüsequiche

Zutaten

180 g	Margarine + 1 TL zum Einfetten der Springform
350 g	Weizenmehl Type 405
100 ml	Wasser
3	Karotten
1	Zucchini
200 g	Brokkoli
1	Zwiebel
200 g	vegane Quark-Alternative oder Skyr
150 g	vegane Crème fraîche
5 TL	8-Kräuter-Mischung (tiefgekühlt)
2 TL	Salz
100 g	veganer Käse zum Bestreuen

Utensilien:
Springform (26 cm Durchmesser)

Zubereitung

1. Den Backofen auf 180 °C (Umluft) vorheizen. Die Springform mit 1 Teelöffel Margarine einfetten.

2. Das Mehl mit Margarine und Wasser zu einem festen Teig verarbeiten. ¾ des Teiges gleichmäßig auf dem Boden der Form verteilen, sodass ein ca. ½ Zentimeter dicker Teigboden entsteht. Mit dem restlichen Teig einen ca. 5 Zentimeter hohen Rand formen und in der Form mit dem Teigboden verbinden.

3. Das Gemüse waschen und in Scheiben schneiden. Die Zwiebel abziehen und fein würfeln.

4. Für die Füllung Quark bzw. Skyr mit Crème fraîche, Kräutern und Salz in einer Schüssel vermischen. Das klein geschnittene Gemüse dazugeben und alles vermischen. Die fertige Füllung auf den Teig geben und mit einem Löffel gut verteilen.

5. Den Käse vor dem Backen über die Quiche streuen. Die Quiche im vorgeheizten Backofen auf mittlerer Schiene 60 Minuten backen.

6. Die fertig gebackene Quiche sollte vor dem Anschneiden ca. 20 Minuten abkühlen, sodass die Füllung schnittfest ist.

ZUBEREITUNGSZEIT
75 Minuten inkl. Kochzeit

MENGE
10 Stück

TIPP
Lauwarm schmeckt die Gemüsequiche am besten.

Fruchtiges Linsen-Dal

Zutaten

1	Zwiebel
1	Knoblauchzehe
2 EL	Bratöl
100 g	frischer Spinat
150 g	rote Linsen
300 ml	+ 2 EL Wasser
2 TL	Currypulver
1 TL	Kurkuma, gemahlen
1 TL	Garam Masala
2 TL	Salz
200 g	stückige Tomaten aus der Dose
100 ml	Kokosmilch
1 TL	gemahlene Chiliflocken

ZUBEREITUNGSZEIT
30 Minuten inkl. Kochzeit

MENGE
3 Portionen

TIPP
Dazu schmeckt lauwarmes Naan-Brot oder Jasminreis. Zum Anrichten sieht etwas Sojacuisine schön aus.

Zubereitung

1. Zwiebel und Knoblauch abziehen und in kleine Würfel schneiden.

2. Das Bratöl in einer Pfanne erhitzen und die Zwiebel- und Knoblauchwürfel bei mittlerer Hitze 2 Minuten goldbraun dünsten.

3. Den Spinat waschen und mit in die Pfanne geben. Es sollte immer wieder umgerührt werden, sodass nichts anbrennt. Nach ca. 3 Minuten, wenn der Spinat zusammengefallen ist, Linsen und 2 Esslöffel Wasser dazugeben und kurz unter ständigem Rühren 1 Minute dünsten. 100 Milliliter Wasser und die Gewürze (Curry, Kurkuma, Garam Masala und Salz) dazugeben.

4. Die Linsen 10 Minuten bei mittlerer Hitze kochen. In dieser Zeit nach und nach weitere 200 Milliliter Wasser dazugießen. Dann die stückigen Tomaten und die Kokosmilch dazugeben und das Linsen-Dal weitere 5 Minuten bei mittlerer Hitze kochen, bis die Linsen bissfest sind.

5. Zum Schluss mit Salz und Chiliflocken abschmecken, dann ist das Dal servierfertig.

Kichererbsen-Ratatouille

Zutaten

- 1 kleine Zwiebel
- 1 Knoblauchzehe
- 1 grüne Zucchini
- 1 rote Paprikaschote
- 1 orange Paprikaschote
- 3 EL Bratöl
- 2 EL Tomatenmark
- 3 TL Salz
- 1 TL frisch gemahlener Pfeffer
- 400 g gekochte Kichererbsen (aus der Dose, abgetropft)
- 150 g Mais (aus der Dose, abgetropft)
- 600 g stückige Tomaten aus der Dose
- 2 TL Paprikapulver rosenscharf
- 1 TL gemahlene Chiliflocken
- 2 TL Speisestärke
- 1 ½ EL Wasser
- 3 Stängel frisches Basilikum

ZUBEREITUNGSZEIT
30 Minuten inkl. Kochzeit

MENGE
4 Portionen

TIPP
Das Ratatouille bleibt in einer Frischhaltedose im Kühlschrank 3 Tage frisch.

Zubereitung

1. Zwiebel und Knoblauch abziehen und in kleine Würfel schneiden. Zucchini und Paprika waschen. Die Paprika halbieren und entkernen. Zucchini und Paprika in mundgerechte Stücke schneiden.

2. Das Bratöl bei hoher Temperatur in einer Pfanne erhitzen. Sobald es heiß ist, die Temperatur auf mittlere Stufe reduzieren und Zwiebeln und Knoblauch dazugeben. Unter ständigem Rühren 2 Minuten goldbraun dünsten. Das Tomatenmark dazugeben, kurz verrühren. Dann das Gemüse dazugeben und bei mittlerer Temperatur 5 Minuten braten. Die Gemüsemischung mit Salz und Pfeffer würzen.

3. Kichererbsen und Mais in einem Küchensieb unter fließendem Wasser abspülen und mit den stückigen Tomaten zu der Gemüsemischung in die Pfanne geben. Anschließend Paprikapulver und Chiliflocken untermischen und das Ratatouille weitere 5 Minuten bei mittlerer Temperatur kochen und mit Salz abschmecken.

4. Die Speisestärke in einer Tasse mit dem Wasser glatt rühren und unter das Ratatouille mischen. Das Ratatouille kurz aufkochen, damit es leicht andickt. Das Basilikum waschen, hacken und über das Ratatouille streuen.

»Hähnchen«-Gemüsepfanne mit Erdnusssauce

Zutaten

300 g	Jasminreis
450 ml	Wasser
2 TL	Salz für den Reis
2	Karotten
1	große Zucchini
1	gelbe Paprikaschote
3	Stängel Frühlingszwiebeln
2 EL	Bratöl
1 TL	Salz
1 Prise	frisch gemahlener Pfeffer
300 g	vegane Hähnchenfleischalternative
3 EL	Erdnüsse (ungesalzen)

Für die Sauce:

4 EL	Erdnussbutter
4 EL	Wasser
2 EL	Limettensaft
2 EL	Sojasauce
2 EL	Agavendicksaft

ZUBEREITUNGSZEIT
45 Minuten inkl. Kochzeit

MENGE
ca. 4 Portionen

Zubereitung

1. Den Reis mit dem Wasser in einem großen Topf zum Kochen bringen. Sobald das Wasser kocht, 2 Teelöffel Salz hinzugeben und die Temperatur auf mittlere Stufe reduzieren. Den Reis regelmäßig mit einem Löffel umrühren und weiterhin bei mittlerer Hitze quellen lassen, sodass er nach ca. 20 Minuten weichgekocht ist.

2. Karotten, Zucchini und Paprika waschen. Die Paprika halbieren und entkernen. Das Gemüse in mundgerechte Stücke schneiden. Die Frühlingszwiebeln in kleine Ringe schneiden und bis zum Anrichten beiseite stellen.

3. Das Bratöl in einer Pfanne bei hoher Temperatur erhitzen und das Gemüse bis auf die Frühlingszwiebeln hinzufügen. Das Gemüse unter ständigem Wenden ca. 5 Minuten dünsten, bis es anbräunt. Mit 1 Teelöffel Salz und einer Prise frisch gemahlenem Pfeffer würzen.

4. Die vegane Hähnchenfleischalternative (in der Regel ist sie schon gewürzt) zu dem Gemüse in die Pfanne geben und alles zusammen bei mittlerer Temperatur 5 Minuten braten.

5. Alle Zutaten für die Sauce in einem Becher miteinander vermischen. Falls die Mischung etwas klumpig und dünnflüssig sein sollte, macht dies nichts, denn die Klumpen lösen sich beim Kochen auf. Die Sauce in die Pfanne zu dem Gemüse und Hähnchen geben. Bei mittlerer Temperatur alles 5 Minuten köcheln lassen, bis die Sauce andickt.

6. Den Reis und das Gemüse auf Tellern anrichten und mit den Frühlingszwiebelringen und Erdnüssen garnieren.

Gefüllte Auberginen

Zutaten

150 g	Couscous
1 TL	Salz
450 ml	Wasser
3	Auberginen
Etwas	Bratöl zum Bestreichen der Auberginen + 3 EL zum Anbraten der Zwiebel
1	Zwiebel
200 g	veganes Hack
2 EL	Tomatenmark
1 TL	Salz
1 Prise	frisch gemahlener Pfeffer
150 g	Mais (aus der Dose, abgetropft)
50 g	Granatapfelkerne
3	Stängel glatte Petersilie

ZUBEREITUNGSZEIT
45 Minuten inkl. Backzeit

MENGE
6 Hälften

TIPP
Dazu schmeckt Hummus und frisches Baguette.

Zubereitung

1. Couscous mit 1 Teelöffel Salz in 300 Milliliter Wasser in einem Topf aufkochen. Sobald das Wasser kocht, den Topf vom Herd nehmen. Den Couscous 5 Minuten quellen lassen, bis das Wasser aufgesogen ist.

2. Den Backofen auf 180 °C (Umluft) vorheizen.

3. Die Auberginen waschen und halbieren. Mit einem Messer längs mehrere Streifen in die Schnittflächen der Auberginenhälften schneiden und diese mittels Pinsel mit Bratöl bestreichen. Dann die Hälften mit der Schnittfläche nach oben auf ein mit Backpapier ausgelegtes Backblech legen und 30 Minuten backen, bis sie innen weich sind.

4. Die Zwiebel abziehen und in kleine Würfel schneiden. In einer Pfanne das Bratöl erhitzen, die Zwiebelwürfel dazugeben und 2 Minuten bei hoher Temperatur goldbraun dünsten.

5. Die Temperatur auf mittlere Stufe reduzieren, das vegane Hack dazugeben und 5 Minuten anbraten.

6. Das Tomatenmark mit 150 Milliliter Wasser verrühren, in die Pfanne gießen und das Ganze weitere 3 Minuten kochen. Mit Salz und Pfeffer würzen.

7. Die Hack-Mischung in eine Schüssel geben und mit Couscous, Mais und Granatapfelkernen vermengen. Die Petersilie waschen und hacken.

8. Mit einem Löffel das Fruchtfleisch der Auberginenhälften zerdrücken, um Platz für die Füllung zu schaffen und mit der Couscous-Masse befüllen. Vor dem Servieren die Auberginen mit der Petersilie bestreuen.

Kürbis-Karotten-Suppe

Zutaten

1	Zwiebel
1 kg	Karotten
3	große Kartoffeln
1	Hokkaido-Kürbis
2 EL	Bratöl
2 l	heißes Wasser
2	Würfel Gemüsebrühe (für 2 Liter Wasser)
400 ml	Kokosmilch
Etwas	Salz nach Bedarf

Utensilien:
Stabmixer oder Küchenmaschine zum Pürieren

ZUBEREITUNGSZEIT
60 Minuten inkl. Kochzeit

MENGE
8 Portionen

TIPP
Am besten kann man die Suppe mit frischem Baguette servieren. Wer gerne Ingwer mag, kann eine kleine Knolle schälen und gerieben der Suppe hinzugeben und mitkochen.

Zubereitung

1. Die Zwiebel abziehen, Karotten und Kartoffeln schälen und in Stücke schneiden. Den Kürbis gründlich waschen und ungeschält vierteln. Die Kerne aus dem Kürbis mithilfe eines Esslöffels entfernen und die Kürbisviertel in kleine Stücke zerteilen.

2. Das Bratöl in einem großen Topf erhitzen und die Zwiebelwürfel bei mittlerer Hitze unter ständigem Wenden 3 Minuten goldbraun dünsten. Kürbis- und Karottenstücke zu den Zwiebeln geben und weitere 3 Minuten andünsten. Damit nichts anbrennt, sollte das Gemüse mit einem Pfannenwender ständig gewendet werden. Das heiße Wasser, Gemüsebrühwürfel und Kartoffelstücke dazugeben und vorsichtig umrühren.

3. Die Suppe bei mittlerer Hitze 45 Minuten leicht köcheln lassen, bis die Gemüsestücke weichgekocht sind. Zwischendurch immer wieder mit einem großen Löffel umrühren.

4. Sobald das Gemüse weich ist, die Suppe vom Herd nehmen und vorsichtig pürieren (entweder mit einem Pürierstab oder in einem Standmixer). Dann die Kokosmilch in die Suppe einrühren und noch mal kurz aufkochen.

5. Zum Schluss die Suppe mit Salz abschmecken, dann ist sie servierfertig.

Curry-Couscous-Salat

Zutaten

300 g	Couscous
300 ml	Wasser
2 TL	Salz
4 TL	Currypulver
1	Zwiebel
200 g	braune Champignons
1	Zucchini
1	rote Paprikaschote
3	Karotten
3 EL	Bratöl
1 Prise	frisch gemahlener Pfeffer
2	Stängel Frühlingszwiebeln

ZUBEREITUNGSZEIT
25 Minuten inkl. Kochzeit

MENGE
6 Portionen

TIPP
Dazu schmecken die »Crispy Tofu-Sticks« (Rezept siehe Seite 112).

Zubereitung

1. Den Couscous in 300 Milliliter Wasser und mit 1 Teelöffel Salz in einem großen Topf zum Kochen bringen. Sobald das Wasser kocht, den Topf vom Herd nehmen und das Currypulver einrühren. Den Couscous 5 Minuten quellen lassen, bis das Wasser komplett aufgesogen ist.

2. Die Zwiebel abziehen und in kleine Würfel schneiden. Die Champignons putzen, das restliche Gemüse waschen. Die Paprika waschen, halbieren und entkernen. Alles in mundgerechte Stücke schneiden.

3. Das Bratöl in einer Pfanne bei hoher Temperatur erhitzen, die Zwiebeln dazugeben und 2 Minuten goldbraun dünsten. Das Gemüse bis auf die Frühlingszwiebeln zu den Zwiebeln in die Pfanne geben und bei mittlerer Temperatur 5 Minuten braten. Mit 1 Teelöffel Salz und 1 Prise frisch gemahlenem Pfeffer würzen.

4. In einer großen Schüssel den Couscous mit dem Gemüse vermengen und mit Salz abschmecken.

5. Die Frühlingszwiebeln waschen und in Ringe schneiden, vor dem Servieren über den Salat streuen.

Kapitel 4

Haupt-gerichte

Cremige Brokkolipasta

Zutaten

3 TL	Salz
300 g	Rigatoni
50 g	Pinienkerne
500 g	Brokkoli
50 g	vegane Butter
40 g	Mehl
200 ml	ungesüßter Sojadrink
150 ml	Hafercuisine
2 TL	Gemüsebrühepulver
1 EL	veganer Parmesan + etwas zum Bestreuen

ZUBEREITUNGSZEIT
35 Minuten inkl. Kochzeit

MENGE
4 Portionen

TIPP
Die Brokkolipasta eignet sich auch hervorragend als Meal Prep oder zum Vorbereiten, wenn Besuch erwartet wird. Sie hält sich im Kühlschrank in einer Frischhaltedose 2 Tage.

Damit die Pasta beim Erwärmen cremig bleibt, werden je nach Menge der Pasta bis zu 3 EL Hafercuisine untergemischt.

Zubereitung

1. Ausreichend Wasser in einem großen Topf zum Kochen bringen, 1 Teelöffel Salz dazugeben und die Nudeln darin garen, bis sie bissfest sind.

2. Pinienkerne in einer Pfanne ohne Hinzugabe von Fett bzw. Öl bei hoher Temperatur unter ständigem Wenden goldbraun rösten. Pinienkerne anschließend in ein Schälchen füllen.

3. Brokkoli waschen und in Röschen zerteilen. In einem Topf ausreichend Wasser zum Sieden bringen und den Brokkoli darin in 10 Minuten gar kochen. Anschließend den Brokkoli durch ein Küchensieb abgießen.

4. Vegane Butter in einem Topf bei mittlerer Temperatur schmelzen. Mehl hinzugeben und mit der Butter verrühren. Den Sojadrink dazugießen und die Sauce mit einem Schneebesen verrühren. Die Sauce unter ständigem Rühren bei hoher Temperatur 5 Minuten aufkochen, bis sie andickt. Dann die Temperatur auf mittlere Stufe reduzieren. Die Hafercuisine, Gemüsebrühepulver, 2 Teelöffel Salz und Parmesan in die Sauce rühren und die Sauce nochmals kurz aufkochen.

5. Den Brokkoli mit einer Gabel zerdrücken, ein paar Stückchen als Deko beiseitelegen. Den Brokkoli unter die Sauce mischen und die Sauce eventuell nochmals mit Salz abschmecken. Die gekochten Nudeln ebenfalls unter die Sauce mischen.

6. Die Brokkolipasta auf Tellern anrichten und mit Pinienkernen, Brokkolistückchen und Parmesan garnieren.

One-Pot-Pasta

Zutaten

1	kleine Zwiebel
1	Knoblauchzehe
1	rote Paprikaschote
1	gelbe Paprikaschote
1	Zucchini
100 g	getrocknete Tomaten, in Öl eingelegt
700 ml	Wasser
70 g	Tomatenmark
200 ml	vegane Crème fraîche
2 TL	Gemüsebrühepulver
3 TL	Salz
1 TL	italienische Kräutermischung
200 g	Nudeln Farfalle (Kochzeit 8-10 Minuten)

ZUBEREITUNGSZEIT
30 Minuten inkl. Kochzeit

MENGE
4 Portionen

TIPP
Dazu passt veganer Parmesan; die Pasta eignet sich auch perfekt als Meal Prep.

Zubereitung

1. Zwiebel und Knoblauch schälen und würfeln. Paprika und Zucchini waschen. Die Paprika halbieren und entkernen. Zucchini und Paprika in mundgerechte Stücke schneiden. Die getrockneten Tomaten ebenfalls in kleine Stücke schneiden.

2. Wasser, Tomatenmark, Crème fraîche, Gemüsebrühepulver, Salz und Kräuter in einem ausreichend großen Topf vermischen. Gemüse, Zwiebeln, Knoblauch, getrocknete Tomaten sowie die rohen Nudeln ebenfalls in den Topf geben.

3. Das Ganze bei zunächst hoher Temperatur aufkochen, dabei ständig umrühren, damit die Nudeln nicht anbrennen. Dann die Temperatur auf mittlere Hitze reduzieren und die Mischung ohne Deckel weiterkochen.

4. Nach insgesamt 20 Minuten sind die Nudeln bissfest. Mit Salz abschmecken und servieren.

Kartoffel-Hack-Auflauf

Zutaten

500 g	festkochende Kartoffeln
½	Blumenkohl
300 g	Brokkoli
1 EL	vegane Butter
1 EL	Mehl
400 ml	Sojacuisine
1 TL	Salz
1 TL	Gemüsebrühepulver
1	Messerspitze Muskatnusspulver
1	Zwiebel
2 EL	Bratöl
300 g	veganes Hack
150 g	veganer Streukäse

Utensilien:
große Auflaufform

ZUBEREITUNGSZEIT
60 Minuten inkl. Backzeit

MENGE
Ca. 5 Portionen

TIPP
Man kann den Auflauf gut vorbereiten und kurz vor dem Servieren erst im Backofen backen.

Zubereitung

1. Den Backofen auf 200 °C (Umluft) vorheizen.

2. Die Kartoffeln schälen, in einen Topf mit ausreichend Wasser geben und bei hoher Temperatur aufkochen. Die Temperatur auf mittlere Stufe reduzieren und weitere 10 Minuten garen. Die Kartoffeln sollten noch nicht ganz weich sein, da sie im Backofen noch weiter garen.

3. Blumenkohl und Brokkoli waschen und in mundgerechte Stücke schneiden. In einem zweiten Topf ausreichend Wasser erhitzen und, sobald es siedet, Blumenkohl und Brokkoli hinzugeben und für 5 Minuten kochen. Danach das Kochwasser durch ein Küchensieb abgießen und das Gemüse im Sieb abtropfen lassen.

4. Für die Zubereitung der Sauce die Butter in einem Topf bei mittlerer Temperatur vollständig schmelzen. Mit einem Schneebesen das Mehl einrühren. Die Sojacuisine dazugießen und die Sauce unter ständigem Rühren 5 Minuten kochen, bis sie dickflüssig ist. Salz, Gemüsebrühepulver und Muskatnuss einrühren und die Sauce abschmecken.

5. Die Zwiebel abziehen und in Würfel schneiden. In einer Pfanne das Bratöl bei hoher Temperatur erhitzen. Sobald das Öl heiß ist, die Zwiebelwürfel dazugeben und 3 Minuten unter ständigem Rühren goldbraun dünsten.

6. Das vegane Hack in die Pfanne geben und weitere 3 Minuten unter ständigem Wenden braten. Veganes Hack ist in der Regel vom Hersteller bereits gut gewürzt.

7. Gemüse und Kartoffeln in der Auflaufform verteilen, das vegane Hack, danach die Sauce und zuletzt den Streukäse darübergeben. Im vorgeheizten Backofen für 20 Minuten backen.

Spinat-Curry mit Reis

Zutaten

200 g	Jasminreis
300 ml	Wasser
2 TL	Salz
1	kleine Zwiebel
2 EL	Bratöl
1	Zucchini
150 g	frischer Spinat
5 TL	Currypulver
1 EL	Tomatenmark
200 ml	Kokosmilch
200 ml	Gemüsebrühe
300 g	gekochte Kichererbsen (aus der Dose, abgetropft)
1 TL	gemahlene Chiliflocken
2 TL	Speisestärke
2 EL	Wasser

ZUBEREITUNGSZEIT
30 Minuten inkl. Kochzeit

MENGE
4 Portionen

TIPP
Das Rezept eignet sich auch gut als Meal Prep und kann einen Tag vorher zubereitet werden.

Zubereitung

1. In einem Topf den Reis in 300 Milliliter Wasser und 1 Teelöffel Salz kochen. Nach 20 Minuten, wenn der Reis bissfest ist und das Wasser aufgesogen hat, den Topf vom Herd nehmen.

2. Die Zwiebel abziehen und in Würfel schneiden. In einer Pfanne das Bratöl bei hoher Temperatur erhitzen. Die Zwiebelwürfel in der Pfanne unter ständigem Rühren 2 Minuten goldbraun dünsten.

3. Die Zucchini waschen und in dünne Scheiben schneiden. Den Spinat ebenfalls waschen. Zucchini und Spinat in die Pfanne zu den Zwiebeln geben und bei mittlerer Temperatur 3 Minuten braten.

4. In einem Messbecher 1 Teelöffel Salz, Currypulver, Tomatenmark, Kokosmilch und Gemüsebrühe verrühren. Das Gemisch in die Pfanne zu dem Gemüse gießen. Die Kichererbsen unter fließendem Wasser kurz abspülen und in die Pfanne geben. Weitere 5 Minuten bei mittlerer Temperatur kochen.

5. Das Spinat-Curry mit gemahlenen Chiliflocken würzen und mit Salz abschmecken.

6. Falls die Sauce zu dünnflüssig ist, kann sie mit Speisestärke angedickt werden. Dazu 2 Teelöffel Speisestärke in einer Tasse mit 2 Esslöffeln Wasser auflösen. Das Gemisch in die Sauce gießen und kurz aufkochen, sodass die Sauce andickt.

Kartoffel-Pfanne

Zutaten

1 kg	Drillinge-Kartoffeln
2 TL	Salz
1	Zwiebel
2 EL	Bratöl
300 g	vegane Frikadellen
1	rote Paprikaschote
3 TL	Paprikapulver rosenscharf
1 Prise	frisch gemahlener Pfeffer
150 ml	Wasser
3 TL	Tomatenmark
200 g	grüne Bohnen (frisch oder aufgetaut)
150 g	Kidneybohnen (aus der Dose, abgetropft)
150 g	Mais (aus der Dose, abgetropft)

Utensilien:
hohe Pfanne oder Wok

ZUBEREITUNGSZEIT
45 Minuten

MENGE
6 Portionen

Zubereitung

1. Die geputzten Kartoffeln in einem großen Topf mit Wasser bedecken und bei hoher Temperatur aufkochen. Sobald das Wasser siedet, 1 Teelöffel Salz dazugeben, die Temperatur auf mittlere Stufe reduzieren und die Kartoffeln 15 Minuten kochen, bis sie weich sind.

2. Die Zwiebel abziehen und in kleine Würfel schneiden. Das Bratöl im Wok erhitzen, die Zwiebelwürfel dazugeben und bei hoher Temperatur 2 Minuten goldbraun dünsten.

3. Die Frikadellen in mundgerechte Stücke schneiden. Die Paprika waschen, halbieren, entkernen und in mundgerechte Stücke schneiden. Frikadellen und Paprika in den Wok geben und bei mittlerer Temperatur 5 Minuten braten.

4. Die gegarten und abgegossenen Kartoffeln halbieren und ebenfalls in den Wok geben. Die Gewürze (Paprikapulver, 1 Teelöffel Salz, Pfeffer) über die Zutaten im Wok streuen.

5. In einem Messbecher 150 Milliliter Wasser und Tomatenmark mit einem Schneebesen verrühren und in den Wok gießen. Das restliche Gemüse (grüne Bohnen, Kidneybohnen, Mais) ebenfalls in den Wok geben und das Ganze bei mittlerer Temperatur 5 Minuten kochen lassen.

6. Die Kartoffel-Pfanne mit Salz abschmecken und servieren.

Cremige Paprikapasta

Zutaten

1 TL	Salz
300 g	Vollkorn-Spaghetti
2	rote Paprikaschoten
1	Zwiebel
1	Knoblauchzehe
4 EL	Olivenöl
150 ml	Sojacuisine
50 ml	ungesüßter Sojadrink
2 EL	Tomatenmark
1 TL	Paprikapulver rosenscharf
1	Stängel frisches Basilikum
½ TL	gemahlene Chiliflocken
½ TL	frisch gemahlener Pfeffer
2 EL	veganer Parmesan

Utensilien:
mittelgroße Auflaufform
Mixer oder Küchenmaschine

ZUBEREITUNGSZEIT
40 Minuten inkl. Kochzeit

MENGE
4 Portionen

TIPP
Die Pasta eignet sich auch super als Meal Prep. Sie hält sich gekühlt in einer Frischhaltedose 2 Tage. Die Sauce separat aufbewahren und erst kurz vor dem Servieren mit den (frisch gekochten) Nudeln vermischen.

Zubereitung

1. Ausreichend Wasser in einem großen Topf zum Kochen bringen, 1 Teelöffel Salz dazugeben und die Nudeln darin garen, bis sie bissfest sind.

2. Die Paprika waschen, halbieren, entkernen und in Streifen schneiden. Zwiebel und Knoblauch abziehen und vierteln.

3. Den Backofen auf 200 °C (Umluft) vorheizen, die Paprikastreifen sowie die Zwiebel- und Knoblauchstückchen in die Auflaufform legen und mit dem Olivenöl übergießen. Das Gemüse im Backofen 30 Minuten garen. Sobald die Backzeit vorbei ist, das Gemüse und die restlichen Zutaten (bis auf Nudeln und Parmesan) in einen Mixer geben und 2 Minuten auf höchster Stufe pürieren.

4. Die so entstandene Sauce abschmecken und in einer Schüssel mit den Nudeln vermischen. Die Paprikapasta auf Tellern anrichten und nach Belieben mit Parmesan bestreuen.

Schnelles Backofen-Risotto

Zutaten

- 1 kleine Zwiebel
- 1 Knoblauchzehe
- 1 rote Paprikaschote
- 1 gelbe Paprikaschote
- 1 Zucchini
- 3 EL Bratöl
- 3 EL Tomatenmark
- 400 g Risottoreis
- 900 ml Wasser
- 300 g stückige Tomaten
- 2 EL Gemüsebrühepulver
- 1 TL Salz
- ½ TL frisch gemahlener Pfeffer
- 1 TL Paprikapulver rosenscharf
- 1 TL Thymian (getrocknet)
- 1 TL Oregano (getrocknet)

Utensilien:
große Auflaufform

ZUBEREITUNGSZEIT
45 Minuten inkl. Backzeit

MENGE
6 Portionen

Zubereitung

1. Den Backofen auf 190 °C (Umluft) vorheizen.
2. Die Zwiebel und den Knoblauch abziehen und in kleine Würfel schneiden.
3. Paprika und Zucchini waschen und in Stücke schneiden.
4. Das Bratöl in einer Pfanne erhitzen, die Zwiebel- und Knoblauchwürfel dazugeben und bei mittlerer Hitze 2 Minuten unter ständigem Wenden goldbraun dünsten.
5. Das Tomatenmark und das Gemüse dazugeben und bei mittlerer Hitze 3 Minuten anbraten.
6. Den Risottoreis dazugeben und 1 Minute andünsten.
7. Wasser, stückige Tomaten, Gemüsebrühepulver und Gewürze dazugeben und kurz aufkochen.
8. Die Masse vorsichtig in eine große Auflaufform füllen und im Backofen 35 Minuten garen. Während der Garzeit das Risotto ca. alle 10 Minuten mit einem großen Löffel vorsichtig durchrühren.

Pasta mit veganer Bolognese

Zutaten

50 g	vegane Butter
1	Zwiebel
1	Knoblauchzehe
1	Karotte
1	Stange Sellerie
1 EL	Bratöl
300 g	veganes Hack
4 EL	veganer Weißwein
4 EL	ungesüßter Haferdrink
1,5 l	Wasser
4 TL	Salz
500 g	Vollkorn-Spaghetti
400 g	stückige Tomaten aus der Dose
2 Prisen	frisch gemahlener Pfeffer
1 TL	Paprikapulver rosenscharf
Etwas	veganer Parmesan nach Bedarf

ZUBEREITUNGSZEIT
40 Minuten inkl. Kochzeit

MENGE
5 Portionen

TIPP
Die Bolognese schmeckt auch aufgewärmt sehr lecker. Man kann sie gut für eine Feier oder als Meal Prep vorbereiten.

Zubereitung

1. In einer Pfanne bei mittlerer Hitze die Butter schmelzen.

2. Währenddessen Zwiebel und Knoblauch abziehen und in kleine Würfel schneiden. Karotte und Sellerie waschen und in kleine Würfel bzw. in dünne Scheiben schneiden. Das Gemüse in die Pfanne zur zerlassenen Butter geben. Unter regelmäßigem Wenden das Gemüse bei mittlerer Temperatur 20 Minuten köcheln lassen.

3. In einer zweiten Pfanne 1 Esslöffel Bratöl erhitzen und das vegane Hack dazugeben. Normalerweise ist es schon ausreichend gewürzt. Das Hack 3 Minuten bei hoher Temperatur unter ständigem Wenden scharf anbraten, dann mit Weißwein und Haferdrink ablöschen und bei mittlerer Temperatur weitere 2 Minuten köcheln lassen.

4. 1,5 Liter Wasser in einem großen Topf bei hoher Temperatur zum Kochen bringen. 2 Teelöffel Salz und die Nudeln ins Wasser geben. Nach 8–9 Minuten Kochzeit, wenn die Nudeln bissfest sind, das Wasser durch ein Küchensieb abgießen.

5. Das Hack und die stückigen Tomaten zu dem Gemüse geben. Die Gewürze (2 Teelöffel Salz, Pfeffer und Paprikapulver) untermischen und alles weitere 3 Minuten bei mittlerer Temperatur kochen.

6. Die Bolognese wird mit Salz abgeschmeckt und mit den Nudeln serviert.

Gefüllte Paprikaschoten

Zutaten

650 ml Wasser
250 g Bulgur
2 TL Salz
1 große Zwiebel
1 Knoblauchzehe
2 EL Bratöl
2 TL Tomatenmark
6 rote Paprikaschoten
200 g veganer Feta
2 TL gemahlene Chiliflocken
2 TL Paprikapulver rosenscharf
2 Stängel glatte Petersilie

Für die Sauce:
1 kleine Zwiebel
1 Knoblauchzehe
2 EL Bratöl
400 g fein gehacktes Tomatenfruchtfleisch
2 TL Paprikapulver rosenscharf
1 TL gemahlene Chiliflocken
1 TL Salz
1 Prise frisch gemahlener Pfeffer
1 ½ EL Wasser
2 TL Speisestärke

Utensilien:
große Auflaufform
hohe Pfanne oder Wok

Zubereitung

1. 500 Milliliter Wasser in einem Topf erhitzen. Den Bulgur in einem feinen Küchensieb unter fließendem Wasser kurz abspülen. Sobald das Wasser in dem Topf siedet, die Temperatur auf niedrigste Stufe reduzieren und den Bulgur und 1 Teelöffel Salz dazugeben. Unter regelmäßigem Umrühren den Bulgur 8 Minuten quellen lassen, bis das Wasser aufgesaugt und der Bulgur bissfest ist.

2. Zwiebel und Knoblauch abziehen und klein schneiden. Das Bratöl in einer Pfanne bei hoher Temperatur erhitzen. Die Zwiebel- und Knoblauchstückchen dazugeben und unter ständigem Rühren 2 Minuten goldbraun dünsten.

3. Auf mittlere Temperatur reduzieren. Das Tomatenmark in die Pfanne geben und 30 Sekunden rösten. 150 Milliliter Wasser in die Pfanne gießen und 3 Minuten köcheln.

4. Den fertigen Bulgur zu der Sauce in die Pfanne geben und gut vermischen. Die Pfanne vom Herd nehmen.

5. Die Paprikaschoten waschen. Den oberen Teil mit Strunk rundum abschneiden. Paprika entkernen.

6. Feta in Würfel schneiden und unter den Bulgur mischen. Mit 1 Teelöffel Salz, Chiliflocken und Paprikapulver würzen. Petersilie waschen, klein schneiden und hinzugeben.

7. Für die Sauce Zwiebel und Knoblauch abziehen. In einer Pfanne das Bratöl erhitzen und die Zwiebel- und Knoblauchstückchen 2 Minuten goldbraun dünsten. Stückige Tomaten und Gewürze in die Pfanne geben.

8. In einer Tasse 1½ Esslöffel Wasser mit der Speisestärke verrühren, in die Pfanne geben und verrühren. Die Sauce eventuell mit Salz abschmecken.

9. Den Backofen auf 180 °C (Umluft) vorheizen. Die Sauce in die Auflaufform gießen, die Paprikaschoten mit dem Bulgur befüllen und in die Sauce stellen. 15 Minuten backen.

ZUBEREITUNGSZEIT
45 Minuten inkl. Backzeit

MENGE
6 Portionen

TIPP
Die gefüllte Paprika kann man gut für Gäste vorbereiten und kurz vorher im Backofen aufwärmen. Dazu passt ein frischer Salat.

Thaicurry mit Tofu

Zutaten

600 ml	Wasser + 2 EL für die Speisestärke
300 g	Jasminreis
2 TL	Salz
400 g	Tofu
100 ml	Sojasauce
1	Zucchini
1	gelbe Paprikaschote
1	rote Paprikaschote
300 g	Brokkoli
1	Zwiebel
4 EL	Bratöl
100 g	Bambussprossen (aus dem Glas, abgetropft)
3 TL	Currypulver
300 ml	Kokosmilch
1 TL	gemahlene Chiliflocken
2 TL	Speisestärke

ZUBEREITUNGSZEIT
45 Minuten inkl. Kochzeit

MENGE
5 Portionen

TIPP
Falls der Tofu richtig knusprig sein soll, kann er paniert werden. Siehe hierzu das Rezept »Crispy Tofu-Sticks« auf Seite 112.

Zubereitung

1. In einem großen Topf 600 Milliliter Wasser mit dem Reis bei hoher Temperatur zum Kochen bringen. Sobald das Wasser kocht, die Temperatur auf niedrige Stufe reduzieren, 1 Teelöffel Salz hinzugeben. Den Reis 20 Minuten köcheln lassen, bis er bissfest ist.

2. Den Tofu in vier Blätter Küchenrolle wickeln und das Wasser ausdrücken. Den Tofu in Stückchen schneiden und 15 Minuten in einer Schale in der Sojasauce einlegen. Nichtaufgesaugte Flüssigkeit nach der Einlegezeit abgießen.

3. Zucchini, Paprika und Brokkoli waschen. Die Paprika halbieren und entkernen. Alles in mundgerechte Stücke schneiden. Die Zwiebel abziehen und in kleine Würfel schneiden.

4. 2 Esslöffel Bratöl in einer Pfanne erhitzen und die Tofustückchen darin 5 Minuten bei hoher Temperatur unter ständigem Wenden goldbraun braten. Den Tofu anschließend in ein separates Schälchen füllen.

5. Die Zwiebeln mit 2 Esslöffeln Bratöl in die heiße Pfanne geben und 2 Minuten goldbraun dünsten.

6. Die Temperatur auf mittlere Stufe reduzieren. Das Gemüse (Zucchini, Paprika, Brokkoli) und die Bambussprossen dazugeben und 5 Minuten braten. Currypulver und Kokosmilch dazugeben und weitere 3 Minuten bei mittlerer Temperatur kochen. Das Gemüse mit 1 Teelöffel Salz und Chiliflocken würzen.

7. Die Speisestärke mit 2 Esslöffeln Wasser in einer Tasse auflösen und in die Gemüse-Mischung rühren.

8. Die Gemüse-Mischung nochmals für 3 Minuten aufkochen, bis die Sauce andickt. Zuletzt mit Salz abschmecken und mit Reis und Tofu servieren.

Gnocchi

Zutaten

600 g	mehligkochende Kartoffeln
4 TL	Salz
300 g	Mehl
7 EL	Hartweizengrieß

ZUBEREITUNGSZEIT
50 Minuten inkl. Kochzeit

MENGE
5 Beilage-Portionen

TIPP
Dazu schmeckt veganer Parmesan und leckeres Gemüse mit einer hellen Sauce.

Zubereitung

1. Die Kartoffeln schälen und in kleinere Stücke schneiden. Die Kartoffelstücke sowie 2 Teelöffel Salz in einen großen Topf mit Wasser geben. Bei hoher Temperatur 25 Minuten kochen, bis die Kartoffeln weich sind. Das Wasser abgießen und die Kartoffeln 5 Minuten abkühlen lassen.

2. Anschließend die Kartoffeln in einer separaten Schüssel mit einem Stampfer oder einer Gabel stampfen. Mehl, Hartweizengrieß und 2 Teelöffel Salz dazugeben und zu einem Teig verkneten.

3. Aus dem Teig mit einem Messer kleine Streifen abschneiden, die ebenfalls in kleine Stücke zerteilt werden. Diese sollten ca. halb so groß wie ein Daumen sein. Mit einer Gabel ein Muster in die Gnocchi drücken.

4. Die Gnocchi 8–10 Minuten in heißem Wasser kochen, bis sie an der Wasseroberfläche schwimmen und gar sind.

Gemüselasagne

Zutaten

1	große Zwiebel
1	Knoblauchzehe
1	Zucchini
1	Aubergine
3	Paprikaschoten (rot, gelb, grün)
3 EL	Bratöl
3 TL	Salz
3 Prisen	frisch gemahlener Pfeffer
40 g	vegane Butter
30 g	Weizenmehl Type 405
100 ml	Sojadrink
800 g	stückige Tomaten aus der Dose
4 EL	italienische Kräutermischung (tiefgefroren)
300 g	Lasagneblätter
150 g	veganer Streukäse oder Parmesan

Utensilien:
große Auflaufform

ZUBEREITUNGSZEIT
65 Minuten inkl. Backzeit

MENGE
6 Portionen

TIPP
Die Gemüselasagne eignet sich auch hervorragend als Meal Prep!

Zubereitung

1. Den Backofen auf 180 °C (Umluft) vorheizen.

2. Zwiebel und Knoblauch abziehen und in Würfel schneiden.

3. Das Gemüse waschen und in Stückchen schneiden.

4. In einer Pfanne das Bratöl auf hohe Temperatur erhitzen und die Zwiebel- und Knoblauchstückchen 2 Minuten goldbraun dünsten. Die Temperatur auf mittlere Stufe reduzieren, das Gemüse hinzugeben und unter regelmäßigem Wenden in der Pfanne 5 Minuten dünsten. 1 Teelöffel Salz und eine Prise frisch gemahlenen Pfeffer dazugeben.

5. In einem Topf bei mittlerer Temperatur die vegane Butter schmelzen. Das Mehl in die geschmolzene Butter rühren, den Sojadrink dazugeben. Mit einem Schneebesen verrühren und aufkochen, bis die Sauce andickt. Stückige Tomaten sowie 2 Teelöffel Salz, 2 Prisen frisch gemahlenen Pfeffer und Kräuter dazugeben. Unter ständigem Rühren 1 Minute aufkochen.

6. Die Zutaten in eine Auflaufform schichten, dabei mit dem Gemüse anfangen, gefolgt von einer Schicht Sauce und dann den Lasagneplatten. So weiter verfahren, bis keine Zutaten mehr vorhanden sind. Die oberste Schicht sollte Tomatensauce sein.

7. Den Parmesan über den Auflauf streuen und auf mittlerer Schiene für 45 Minuten backen.

Flammkuchen-Herzen

Zutaten

330 g	Mehl
3 TL	neutrales Speiseöl
200 ml	Wasser
2 TL	Salz
100 g	vegane Crème fraîche
Saft	von ½ Zitrone
½	rote Zwiebel
¼	Hokkaido-Kürbis
100 g	Cherrytomaten
1 TL	frische Kresse

ZUBEREITUNGSZEIT
30 Minuten inkl. Backzeit

MENGE
15 Stück

TIPP
Man kann die Flammkuchen nach Belieben mit jedem Gemüse belegen, sie sind ein Highlight auf jeder Party. Lauwarm schmecken sie am besten!

Zubereitung

1. Den Backofen auf 220 °C (Ober-/Unterhitze) vorheizen.
2. Für den Teig Mehl, Öl, Wasser und 1 Teelöffel Salz in einer Schüssel vermengen und gut verkneten.
3. Die Crème fraîche wird mit dem Zitronensaft und 1 Teelöffel Salz verrührt.
4. Die Zwiebel abziehen, Kürbis und Tomaten waschen. Das Gemüse in kleine Stücke schneiden.
5. Den Teig ausrollen und mit einer großen Plätzchenform Herzen ausstechen. Die kleinen Flammkuchen mit der Creme bestreichen und mit Gemüse belegen. Die Flammkuchen im Ofen ca. 15 Minuten goldbraun backen (Backzeit variiert je nach Größe der Flammkuchen).
6. Nach der Backzeit die Flammkuchen mit frischer Kresse garnieren und warm servieren.

Wirsingrouladen

Zutaten

300 g Jasminreis
450 ml Wasser
1 Wirsingkohl mit großen Blättern
1 Zwiebel
2 EL Bratöl
300 g veganes Hack
1 TL Senf
1 TL Paprikapulver rosenscharf
½ TL Salz
50 ml Rotwein
400 ml fertige Gemüsebrühe

Utensilien:
Küchengarn
Auflaufform mit Deckel

ZUBEREITUNGSZEIT
70 Minuten inkl. Kochzeit

MENGE
8 Rouladen

TIPP
Als Beilage zu den Wirsingrouladen passen Kartoffelknödel. Dafür gibt es ein leckeres Rezept auf meinem Blog.

Zubereitung

1. Den Reis in 450 Milliliter Wasser aufkochen, bis er nach 15 Minuten noch bissfest ist. Im Backofen wird der Reis später richtig gar.

2. Vorsichtig 16 Blätter von dem Wirsingkohl lösen und in einem großen Topf mit kochendem Wasser ca. 2 Minuten blanchieren.

3. Die Zwiebel abziehen und würfeln. In einem Wok das Bratöl erhitzen und die Zwiebelstückchen 2 Minuten bei hoher Temperatur goldbraun dünsten. Das vegane Hack zu den Zwiebeln in den Wok geben und 3 Minuten unter ständigem Wenden braten. Senf, Paprikapulver und Salz untermischen. Das Hack mit Rotwein ablöschen. Den fertigen Reis in den Wok geben und mit der Hackmasse vermengen.

4. Den Backofen auf 150 °C (Ober-/Unterhitze) vorheizen.

5. Den Strunk der Wirsingblätter V-förmig herausschneiden. Zwei Wirsingblätter vorsichtig ineinanderlegen und mit der Reis-Hack-Mischung befüllen. Die Blätter vorsichtig zusammenrollen, mit Küchengarn verschnüren und in eine große Auflaufform mit Deckel legen.

6. Die Hälfte der Gemüsebrühe in die Auflaufform über die Rouladen gießen. Die Auflaufform mit einem Deckel verschließen und die Rouladen 45 Minuten im Ofen garen. Dabei nach der Hälfte der Garzeit die Rouladen wenden und die restliche Gemüsebrühe über die Rouladen gießen.

Winterliche Rotkohlrouladen mit Bratensauce

Zutaten

1	Rotkohl mit großen Blättern
2	rote Zwiebeln
1	Knoblauchzehe
3 EL	Bratöl
2	Karotten
100 g	braune Champignons
50 g	vorgekochte Maronen
200 g	gekochte Belugalinsen
200 g	gekochter Dinkelreis
1 TL	Salz
50 ml	Rotwein
2	Stängel glatte Petersilie

Für die Sauce:

¼	Stange Lauch
1	kleine Zwiebel
1	kleine Karotte
1 TL	vegane Butter
1 EL	Mehl
100 ml	Rotwein
2 TL	Gemüsebrühepulver
½ TL	Senf
1 TL	Salz
1 TL	weißer Balsamico
1 EL	Sojasauce
500 ml	Wasser + 2 EL für die Speisestärke
1 TL	Speisestärke zum Andicken

Utensilien:
Küchengarn

ZUBEREITUNGSZEIT
90 Minuten inkl. Backzeit

MENGE
8 Rouladen

Zubereitung

1. Den Rotkohl in einem großen Topf mit kochendem Wasser ca. 5 Minuten blanchieren. Anschließend herausnehmen, kurz abkühlen lassen, dann die Rotkohlblätter vorsichtig ablösen und den Strunk V-förmig herausschneiden.

2. Rote Zwiebeln und Knoblauch abziehen und würfeln. In einem Wok 2 Esslöffel Bratöl erhitzen und Zwiebeln und Knoblauch 2 Minuten bei hoher Temperatur goldbraun dünsten. Karotten und Champignons klein schneiden, ebenfalls in den Wok geben und 3 Minuten unter ständigem Wenden braten.

3. Die Maronen klein schneiden und mit den Linsen und dem Dinkelreis in den Wok geben und weitere 2 Minuten anbraten. Mit Salz würzen und mit Rotwein ablöschen. Die Petersilie waschen, hacken und hinzugeben.

4. Für die Sauce den Lauch in Scheiben schneiden, die Zwiebel und die Karotte würfeln. Die Butter in einem Topf zerlassen, dann Lauch, Karotte und Zwiebeln dazugeben und unter Rühren 2 Minuten dünsten. Das Mehl dazugeben, alles vermengen und mit 50 Milliliter Rotwein ablöschen. Gemüsebrühepulver, Senf, Salz, Balsamico, Sojasauce und 500 Milliliter Wasser dazugeben, verrühren und die Sauce 15 Minuten bei mittlerer Temperatur köcheln lassen.

5. Speisestärke in einer kleinen Tasse mit 2 Esslöffeln Wasser auflösen und in die Sauce geben. Zum Andicken nochmals kurz aufkochen. Mit einem Pürierstab die Gemüsestückchen in der Sauce pürieren (die Sauce kann auch unpüriert serviert werden). Zuletzt mit Salz abschmecken.

6. Für die Rouladen jeweils 2 Rotkohlblätter ineinanderlegen und mit der Gemüse-Linsen-Mischung befüllen. Die Blätter vorsichtig zusammenrollen und mit Küchengarn verschnüren.

7. In einer großen Pfanne 2 Esslöffel Bratöl erhitzen und die Rouladen 10 Minuten rundum braten, damit die Kohlblätter weicher werden. Zum Schluss mit 50 Milliliter Rotwein ablöschen und gemeinsam mit der Sauce servieren

Kapitel 5

Snacks

Crispy Tofu-Sticks

Zutaten

400 g	Tofu
130 g	Weizenmehl Type 405
250 ml	ungesüßter Haferdrink
100 g	Panko-Paniermehl
2 TL	schwarzer Sesam
3 TL	Salz
5 EL	Bratöl
150 g	vegane Crème fraîche
Saft	von ½ Zitrone

ZUBEREITUNGSZEIT
20 Minuten inkl. Kochzeit

MENGE
16 Sticks

TIPP
Am besten schmecken die Tofu-Sticks frisch zubereitet und lauwarm. Dazu passt ein frischer Salat.

Zubereitung

1. Den Tofu mit doppelt gelegter Küchenrolle umwickeln und die Flüssigkeit herausdrücken. Den Tofu längs halbieren und in dicke, lange Streifen schneiden.

2. In einem tiefen Teller mit einem Schneebesen das Mehl mit dem Haferdrink verrühren, bis sich alle Klümpchen aufgelöst haben.

3. In einem weiteren tiefen Teller das Panko-Paniermehl, schwarzen Sesam und 2 Teelöffel Salz miteinander vermischen.

4. Das Bratöl in einer Pfanne bei hoher Temperatur erhitzen.

5. Die Tofu-Sticks in der Haferdrink-Mehl-Masse und danach in dem Paniermehl wenden. Dann direkt in das heiße Bratöl geben und bei mittlerer Temperatur von jeder Seite insgesamt 5 Minuten goldbraun braten. Die fertigen Sticks auf ein doppeltes Stück Küchenrolle legen, damit das Bratöl abtropfen kann.

6. Die Crème fraîche in einem Schälchen mit dem Zitronensaft und 1 Teelöffel Salz verrühren. Die Creme zusammen mit den Tofu-Sticks servieren.

Backofenfalafel mit cremigem Dip

Zutaten

1	kleine Zwiebel
2	Stängel frischer Koriander
480 g	gekochte Kichererbsen (aus der Dose, abgetropft)
1 EL	Öl
2 TL	gemahlener Kreuzkümmel
1 TL	Salz

Für den Dip:

200 g	vegane Crème fraîche
Saft	von ½ Zitrone
½ TL	Salz
3 TL	8-Kräuter-Mischung (tiefgekühlt)

ZUBEREITUNGSZEIT
50 Minuten inkl. Backzeit

MENGE
18 Falafel

TIPP
Am besten schmecken die Falafel lauwarm. Sie eignen sich auch gut als Meal Prep; in einer Frischhaltedose halten sie 2 Tage im Kühlschrank.

Alternativ kannst du die Falafel auch in einer heißen Pfanne mit 2 Esslöffeln Öl in 10 Minuten von allen Seiten goldbraun braten.

Zubereitung

1. Den Backofen auf 190 °C (Umluft) vorheizen.
2. Die Zwiebel abziehen und in kleine Würfel schneiden.
3. Den Koriander waschen und fein hacken.
4. Die Kichererbsen in ein Küchensieb abgießen, kurz mit fließendem Wasser abspülen und in eine Schüssel geben. Die Zwiebel- und Korianderstückchen, Öl, Kreuzkümmel und Salz dazugeben. Mithilfe einer Küchenmaschine die Zutaten zu einer krümeligen Masse (nicht zu mehlig) zerkleinern. Mit den Händen aus der Masse einen Teig kneten und daraus anschließend die Falafel-Bällchen formen.
5. Das Backblech mit Backpapier auslegen und die Falafel-Bällchen nebeneinander darauf legen.
6. Die Falafel 30 Minuten backen, bis sie goldbraun sind. Nach 15 Minuten die Falafel vorsichtig mit einem Pfannenwender wenden, damit sie rundum braun werden.
7. Während der Backzeit den Dip zubereiten. Dazu die Crème fraîche mit Zitronensaft, Salz und 8-Kräuter-Mischung verrühren. Den Dip abschmecken und bei Bedarf nachsalzen.
8. Die goldbraunen Falafel gemeinsam mit dem Dip servieren.

Gemüsemuffins

Zutaten

1	große Zwiebel
2 EL	Bratöl
1	Zucchini
1	Süßkartoffel
1	gelbe Paprikaschote
1	orange Paprikaschote
100 g	braune Champignons
1 TL	Salz
2 Prisen	frisch gemahlener Pfeffer
150 g	vegane Crème fraîche
4	Stängel glatte Petersilie
1	Packung veganer, frischer Blätterteig (270 g)
½ TL	Margarine zum Einfetten der Backform
2 EL	veganer Parmesan

Utensilien:
Backform für 12 Muffins

ZUBEREITUNGSZEIT
50 Minuten inkl. Backzeit

MENGE
12 Muffins

TIPP
Lauwarm schmecken die Gemüsemuffins am besten. Man kann sie gut ein paar Stunden vorher für eine Party oder einen Besuch vorbereiten, in den Kühlschrank stellen und dann erst kurz vor Verzehr backen.

Zubereitung

1. Die Zwiebel abziehen und in kleine Würfel schneiden. Das Bratöl in einer Pfanne erhitzen und die Zwiebel darin unter ständigem Rühren bei hoher Temperatur 3 Minuten dünsten, bis sie goldbraun ist.

2. Das Gemüse und die Champignons waschen. Die Paprika halbieren und entkernen. Alles in kleine Stücke schneiden. Das Gemüse und die Champignons zu den gedünsteten Zwiebeln in die Pfanne geben und 10 Minuten bei mittlerer Temperatur garen. Mit Salz und Pfeffer würzen und die Crème fraîche unterrühren.

3. Die Petersilie waschen, fein hacken und (bis auf einen Esslöffel) über das Gemüse streuen.

4. Den Blätterteig ausrollen und in 12 Quadrate schneiden. Die Muffinförmchen mit der Margarine einfetten und jeweils ein Blätterteig-Quadrat in ein Muffinförmchen legen. Den Teig in das Förmchen drücken, sodass ein Rand übersteht.

5. Den Backofen auf 200 °C (Umluft) vorheizen.

6. Das Gemüse in die Teigförmchen füllen, aus dem überstehenden Teig einen Rand formen.

7. Die Muffins 20 Minuten im Ofen backen, bis der Rand goldbraun wird.

8. Zum Schluss den Parmesan und die restliche Petersilie über die Muffins verteilen und die Muffins servieren.

Knusprige Knoblauchecken

Zutaten

1	große Knoblauchknolle (nicht nur eine Zehe)
150 g	vegane Butter
50 g	Schnittlauch
1 TL	Salz
2	Packungen veganer, frischer Blätterteig (je 270 g)
Etwas	schwarzer Sesam zum Bestreuen

ZUBEREITUNGSZEIT
45 Minuten inkl. Backzeit

MENGE
12 Ecken

Zubereitung

1. Den Backofen auf 200 °C (Umluft) vorheizen.

2. Von der ganzen Knoblauchknolle das obere Stückchen (ca. 1 Zentimeter) abschneiden, sodass die Zehen erkennbar sind. Die Knolle in Alufolie wickeln, auf ein mit Backpapier belegtes Backblech legen und für 15 Minuten backen.

3. Währenddessen die vegane Butter in einem Topf bei mittlerer Temperatur zerlassen. Die flüssige Butter in ein Schälchen füllen, den Schnittlauch waschen, in Röllchen schneiden und unter die Butter mischen.

4. Nach der Backzeit das Knoblauchpäckchen aus dem Ofen nehmen und öffnen. Vorsichtig den weichen Inhalt der Knoblauchzehen ausdrücken und unter die Butter mischen. Salz dazugeben und gut vermischen.

5. Eine Packung Blätterteig auf ein mit Backpapier belegtes Backblech ausrollen und mithilfe eines Backpinsels mit der buttrigen Masse bestreichen. Anschließend den zweiten Blätterteig obendrauf legen und ebenfalls mit etwas Butter bestreichen. Den Teig in Streifen oder Ecken schneiden, mit schwarzem Sesam garnieren und jeweils an den Rändern mit einer Gabel andrücken, sodass die Teigecken rundum geschlossen sind.

6. Die Knoblauchecken bei 200 °C (Umluft) 20 Minuten goldbraun backen.

Schokoladige Pralinen

Zutaten

250 g	dunkle Doppelkekse mit heller Cremefüllung
80 g	vegane Frischkäse-alternative
200 g	Zartbitterschokolade
½ TL	Kokosöl
Einige	Kekskrümel, vegane Schokosplitter, Nuss-splitter als Dekoration

ZUBEREITUNGSZEIT
80 Minuten inkl. Kühlzeit

MENGE
25 Stück

TIPP
Die Pralinen eignen sich als Geschenk oder Mitbringsel und sollten bis zum Verzehr gekühlt werden. Im Kühlschrank sind sie 3 Tage haltbar.

Zubereitung

1. Die Kekse in einer Küchenmaschine zerbröseln. In einer Schüssel die Keksbrösel mit der Frischkäsealternative vermischen, sodass ein cremiger Teig entsteht. Aus dem Teig kleine Kugeln formen und diese auf einem Teller verteilen. Die Kugeln 15 Minuten im Kühlschrank kühlen.

2. Währenddessen im heißen Wasserbad die Schokolade zusammen mit dem Kokosöl schmelzen. Die vorbereiteten Kugeln mit einem Löffel in der geschmolzenen Schokolade wenden und auf einen Teller legen.

3. Die Pralinen nach Belieben mit Kekskrümeln, Schoko- oder Nusssplittern dekorieren und 45 Minuten im Kühlschrank kühlen.

Double Chocolate Raw Bites

Zutaten

15	Datteln, entkernt
150 g	Haselnüsse
70 g	Haselnussmus
3 TL	Backkakao
150 g	Zartbitterschokolade
½ TL	Kokosöl
1 TL	Salzflocken

Utensilien:
kleine Auflaufform

ZUBEREITUNGSZEIT
75 Minuten inkl. Kühlzeit

MENGE
15 kleine Stücke

TIPP
Die Riegel eignen sich perfekt als Geschenk, schön verpackt in Tütchen. In einer Frischhaltedose im Kühlschrank bleiben sie 3 Tage frisch.

Zubereitung

1. Datteln und 100 Gramm Haselnüsse zusammen mit Haselnussmus und Backkakao in einer Küchenmaschine zerkleinern, bis eine klebrige Masse entsteht.

2. In die Auflaufform ein Stück Backpapier legen, möglichst ohne Falten. Die Nussmasse als erste Schicht in die Form geben und mit einem Löffel fest an den Boden drücken.

3. Schokolade und Kokosöl im heißen Wasserbad schmelzen. Die Flüssigkeit als zweite Schicht über die Nussmasse gießen und mit den Salzflocken garnieren.

4. Die Auflaufform für 1 Stunde im Kühlschrank kühlen, danach aus der Masse Riegel schneiden.

Knusprige Müsliriegel

Zutaten

50 g	Kokosöl
100 g	gehackte Haselnüsse
170 g	Haferflocken
30 g	Chiasamen
1 EL	Rosinen
150 ml	Agavendicksaft

Utensilien:
Riegelform aus Silikon

ZUBEREITUNGSZEIT
35 Minuten inkl. Backzeit

MENGE
18 kleine Riegel

TIPP
Die Müsliriegel eignen sich perfekt als Snack to go und halten in einer Frischhaltedose 3 Tage. Lege etwas Backpapier zwischen die einzelnen Riegel, damit sie nicht aneinanderkleben.

Zubereitung

1. Das Kokosöl in einem Topf bei mittlerer Hitze schmelzen.

2. Den Backofen auf 180 °C (Umluft) vorheizen.

3. Die Haselnüsse mit Haferflocken, Chiasamen und Rosinen in einer Schüssel vermischen. Das flüssige Kokosöl und den Agavendicksaft dazugeben und alles mit einem Löffel gut miteinander vermengen. Die Masse mit einem Löffel in die Riegelform füllen. Die Mulden dürfen randvoll gefüllt werden.

4. Die Riegel 20 Minuten backen, bis sie goldbraun sind. Bevor die Riegel vorsichtig aus der Form gelöst werden, sollten sie gut auskühlen, damit sie nicht brechen.

Snack-Bällchen

Zutaten

20 g	Haferflocken
10	Datteln
30 g	Haselnüsse
4 EL	Haselnussmus

Utensilien:
Lebensmittelspritze

ZUBEREITUNGSZEIT
10 Minuten

MENGE
10 Snack-Bällchen

TIPP
Die Snack-Bällchen sind in einer Frischhaltedose im Kühlschrank 3 Tage haltbar und eignen sich perfekt als Geschenk oder als Snack to go.

Die Haselnüsse können durch beliebige andere Nüsse ersetzt werden, Gleiches gilt für das Haselnussmus.

Zubereitung

1. Alle Zutaten zusammen mit 2 Esslöffeln Haselnussmus in einer Küchenmaschine zerkleinern und zu einer klebrigen Masse verarbeiten. Aus der Masse Kugeln formen.

2. Die Lebensmittelspritze mit 2 Esslöffeln Haselnussmus befüllen und die Kugeln damit vorsichtig füllen.

Kapitel 6

Dessert-ideen

Erdbeerdessert

Zutaten

50 g	Speisestärke
100 ml	Haferdrink
500 ml	Hafercuisine
60 g	Zucker
1	Päckchen Vanillezucker
300 g	Erdbeeren
150 g	vegane weiße Schokolade

Utensilien:
mittelgroße Auflaufform

ZUBEREITUNGSZEIT
1,5 Stunden inkl. Kühlzeit

MENGE
6 Portionen

TIPP
Falls Erdbeeren gerade keine Saison haben, können beliebige andere Beeren als Zutat genommen werden.

Zubereitung

1. Die Speisestärke in einer Tasse mit dem Haferdrink zu einer glatten Masse verrühren. Hafercuisine, Zucker und Vanillezucker in einem Topf unter ständigem Rühren aufkochen. Sobald die Flüssigkeit kocht, die flüssige Speisestärke in die Masse einrühren. Unter ständigem Rühren die Masse für 2 Minuten aufkochen, bis ein dickflüssiger Pudding entstanden ist.

2. Den Pudding als erste Schicht in die Auflaufform füllen, sodass der Boden komplett bedeckt ist. Die Auflaufform für 1 Stunde in den Kühlschrank stellen.

3. Nach der Kühlzeit die Erdbeeren pürieren und als zweite Schicht auf den Pudding geben.

4. Die Schokolade mit einem Messer hacken und als dritte Schicht auf das Erdbeerpüree streuen. Das Dessert bis zum Servieren kühlen.

Mini-Schokoküchlein mit flüssigem Kern

Zutaten

80 g	Zartbitterschokolade
300 ml	Sojadrink
100 ml	Sonnenblumenöl
200 g	Zucker
200 g	Weizenmehl Type 405
40 g	Backkakao
Etwas	Puderzucker zum Bestäuben

Utensilien:
Backform für 12 Muffins
12 Muffin-Papierförmchen

ZUBEREITUNGSZEIT
20 Minuten inkl. Backzeit

MENGE
12 Portionen

Zubereitung

1. Den Backofen auf 200 °C (Umluft) vorheizen. Die Muffin-Backform mit den Papierförmchen auslegen.

2. Die Schokolade im heißen Wasserbad schmelzen.

3. In einer Schüssel Sojadrink und Öl mit einem Schneebesen verrühren.

4. In einer weiteren Schüssel Zucker, Mehl und Backkakao miteinander vermischen.

5. Die flüssige Schokolade mit einem Schneebesen in das Sojadrink-Öl-Gemisch einrühren, dann die trockenen Zutaten durch ein feines Sieb (damit sich Mehlklumpen auflösen) dazugeben.

6. Die Muffinförmchen mit dem so entstandenen Teig befüllen. Die Törtchen 9 Minuten im Ofen backen, der Kern sollte noch flüssig sein.

7. Die Törtchen 5 Minuten abkühlen lassen und vor dem Servieren mit Puderzucker bestäuben.

Cremiger Schokoladenpudding

Zutaten

40 g	Speisestärke
500 ml	Hafercuisine
60 g	vegane dunkle Schokolade
60 g	Zucker
100 ml	pflanzliche Schlagsahne
½	Päckchen Vanillezucker

ZUBEREITUNGSZEIT
80 Minuten inkl. Kühlzeit

MENGE
5 Portionen

Zubereitung

1. In einem Schälchen die Speisestärke mit 6 Esslöffeln Hafercuisine zu einer glatten Masse verrühren.

2. Die Schokolade in Stücke brechen und mit der restlichen Hafercuisine und dem Zucker in einem Topf unter ständigem Rühren bei hoher Temperatur 5 Minuten aufkochen, bis die Schokolade geschmolzen ist. Sobald die Hafercuisine kocht und die Schokolade geschmolzen ist, die vorbereitete Speisestärke in die Masse einrühren. Unter ständigem Rühren das Hafercuisine-Gemisch weitere 3 Minuten kochen, bis die Masse dickflüssig ist.

3. Den Pudding in kleine Gläschen oder Schälchen füllen und für 1 Stunde in den Kühlschrank stellen.

4. Kurz vor dem Servieren Schlagsahne und Vanillezucker mit einem Mixer 3 Minuten steif schlagen. Die Sahne als Häubchen auf dem Pudding dekorieren.

Himbeertörtchen

Zutaten

250 g	dunkle Doppelkekse mit heller Cremefüllung
100 g	vegane Butter
250 ml	pflanzliche Schlagsahne
2	Päckchen Vanillezucker
5 TL	veganes Sahnestandmittel
100 g	vegane Frischkäsealternative Natur
250 g	frische Himbeeren + 4 Himbeeren als Dekoration
100 ml	Sauerkirschnektar
1 EL	Zucker
10 g	Agar-Agar
Einige	vegane Schokosplitter zum Bestreuen

Utensilien:
4 kleine Tortenringe (Ring, Quadrat)

ZUBEREITUNGSZEIT
3,5 Stunden inkl. Kühlzeit

MENGE
4 Stück

TIPP
Das Dessert kann perfekt einen Tag vor Verzehr vorbereitet werden.

Zubereitung

1. Die Kekse mit einer Küchenmaschine zerkrümeln (alternativ in einen Gefrierbeutel geben und mit einem Nudelholz zerkleinern).

2. Die Butter in einem kleinen Topf bei mittlerer Temperatur schmelzen. Die geschmolzene Butter in einer Rührschüssel mit den Kekskrümeln vermengen.

3. Einen flachen Teller bzw. ein Tablett mit Backpapier belegen und die Tortenringe darauf platzieren. Die Ringe mit der Keksmasse befüllen, sodass in jedem ein Boden von ca. 1–1,5 Zentimeter entsteht. Die Keksmasse mit einem Löffel fest auf den Boden drücken, damit die Masse nicht zu bröselig ist. Die befüllten Tortenringe für 15 Minuten in den Kühlschrank stellen.

4. Schlagsahne, Vanillezucker und Sahnestandmittel in einem hohen Gefäß miteinander vermischen und ca. 4 Minuten schlagen, bis die Sahne steif geworden ist. Die vegane Frischkäsealternative vorsichtig unter die steife Sahne heben und miteinander vermengen. Die Sahnemischung als zweite Schicht in die Tortenringe füllen und diese danach wieder kalt stellen.

5. Für die Fruchtschicht die Himbeeren pürieren und mit Sauerkirschnektar, Zucker und Agar-Agar in einem Topf bei hoher Temperatur unter ständigem Rühren 2 Minuten aufkochen, bis die Masse andickt. Dann den Topf vom Herd nehmen und die Masse 2 Minuten abkühlen lassen. Die Tortenringe mit der Fruchtmasse als dritte Schicht befüllen und für 3 Stunden in den Kühlschrank stellen.

6. Vor dem Servieren die Törtchen innen am Rand vorsichtig mit einem Messer von den Ringen lösen und auf Tellern mit einer Himbeere und Schokosplittern garnieren.

Cremiger Kokosreis mit Mango

Zutaten

150 g	Jasminreis
200 ml	Wasser + 1 EL für die Speisestärke
1 TL	Salz
1 TL	Speisestärke
200 ml	Kokosmilch aus der Dose (mit hohem Kokosnussanteil)
3 EL	Zucker
1	Mango

ZUBEREITUNGSZEIT
45 Minuten inkl. Kochzeit

MENGE
4 Portionen

TIPP
Falls die Mango noch nicht reif und weich sein sollte: In einer Pfanne bei schwacher Hitze 1 Esslöffel Kokosöl erhitzen. Wenn das Öl flüssig ist, die Mangostückchen hinzugeben und 5 Minuten bei schwacher Hitze dünsten. So werden sie weich und entfalten ihr Aroma.

Zubereitung

1. In einem Topf den Reis in 200 Milliliter Wasser mit dem Salz bei hoher Temperatur kurz aufkochen. Dann die Temperatur auf mittlere Stufe reduzieren und den Reis weitere 20 Minuten köcheln lassen, bis das Wasser vollständig aufgesogen ist.

2. In einem Schälchen die Speisestärke mit 1 Esslöffel Wasser verrühren und auflösen.

3. In einem Topf die Kokosmilch mit dem Zucker aufkochen. Sobald die Kokosmilch kocht, die Speisestärke einrühren und das Gemisch bei hoher Temperatur unter ständigem Rühren 2 Minuten aufkochen, bis die Kokosmilch andickt.

4. Die Mango schälen und in kleine Stücke schneiden.

5. 5 Esslöffel der Kokossauce unter den fertigen Reis mischen, sodass dieser schön cremig wird.

6. Vor dem Servieren den Reis mit Mangostückchen und der restlichen Kokossauce garnieren.

Kapitel 7

Alles rund ums Backen

Kaiserschmarrn

Zutaten

200 g	Mehl
80 g	Zucker
2 TL	Backpulver
200 ml	Haferdrink
100 ml	Hafercuisine
4 EL	Apfelmark
3 EL	vegane Butter
2 EL	Apfelessig
1 EL	Sprudelwasser
Etwas	Puderzucker zum Bestäuben
optional	1 Handvoll Rosinen für den Teig und 3 EL naturtrüber Apfelsaft (siehe Tipp)

ZUBEREITUNGSZEIT
30 Minuten inkl. Backzeit

MENGE
4 kleine Portionen

TIPP
Falls der Kaiserschmarrn mit Rosinen zubereitet werden soll, vor der Zubereitung des Teiges die Rosinen 20 Minuten in 3 Esslöffeln naturtrübem Apfelsaft einweichen und dann mithilfe eines Löffels unter den Teig heben.

Zubereitung

1. Mehl, Zucker und Backpulver in einer Rührschüssel miteinander vermischen. Haferdrink und Hafercuisine einrühren, die restlichen Zutaten (Apfelmark, 1 Esslöffel Butter, Apfelessig, Sprudelwasser) hinzugeben und mit einem Mixer gut verrühren.

2. 1 Esslöffel Butter in einer Pfanne bei hoher Temperatur schmelzen. Die Hälfte des Teiges in die Pfanne geben (die andere Hälfte wird danach zubereitet) und bei mittlerer Hitze 10 Minuten ausbacken.

3. Wenn der Boden braun wird, den Kaiserschmarrn in vier Teile teilen, wenden und weitere 5–10 Minuten ausbacken.

4. Wenn auch die andere Seite goldbraun ist, den Kaiserschmarrn in kleine Stücke zerteilen und auf Tellern anrichten. Vor dem Servieren mit Puderzucker bestäuben.

Triple Chocolate Cake

Zutaten

300 g	Weizenmehl Type 405
60 g	Backkakao
1	Päckchen Vanillezucker
200 g	Zucker
½	Päckchen Backpulver
350 ml	Haferdrink
100 ml	neutrales Speiseöl
200 g	Zartbitter-Schokodrops
1 TL	Margarine (zum Einfetten der Backform)

Für die Glasur:

200 g	Zartbitterschokolade
1 TL	Kokosöl für die Glasur

Utensilien:
Gugelhupfform
(25 cm Durchmesser)

ZUBEREITUNGSZEIT
80 Minuten inkl. Backzeit

MENGE
12 Stücke

Zubereitung

1. Den Backofen auf 180 °C (Ober-/Unterhitze) vorheizen.

2. In einer Rührschüssel Mehl, Backkakao, Vanillezucker, Zucker und Backpulver vermengen. In einem Messbecher Haferdrink und Öl vermischen. Die Flüssigkeit zu den trockenen Zutaten in die Rührschüssel gießen und alles zu einem cremigen Teig mixen. Mit einem großen Löffel die Schokodrops unter den Teig heben.

3. Die Backform mithilfe eines Stücks Küchenrolle oder eines Pinsels mit der Margarine einfetten.

4. Den Teig in die Backform füllen und den Kuchen auf mittlerer Schiene 50 Minuten im Ofen backen.

5. Nach Ende der Backzeit den Kuchen aus dem Backofen nehmen und 10 Minuten abkühlen lassen, damit er besser aus der Form gelöst werden kann.

6. Schokolade und Kokosöl im heißen Wasserbad schmelzen.

7. Den Kuchen vorsichtig aus der Form lösen und die flüssige Schokolade mit einem Löffel als Glasur über dem Kuchen verteilen.

No-Bake-Schokoladentorte

Zutaten

200 g	dunkle Doppelkekse mit heller Cremefüllung
80 g	vegane Butter
500 ml	pflanzliche Schlagsahne
5 TL	veganes Sahnestandmittel
1	Päckchen Vanillezucker
150 g	vegane dunkle Schokolade
150 g	vegane weiße Schokolade
3	Erdbeeren als Dekoration

Utensilien:
kleine Springform
(20 cm Durchmesser)

ZUBEREITUNGSZEIT
45 Minuten plus
3 Stunden Kühlzeit

MENGE
8 Tortenstücke

Zubereitung

1. Die Kekse in einem Gefrierbeutel oder in einer Küchenmaschine zerbröseln.

2. Die Butter in einem kleinen Topf bei mittlerer Temperatur schmelzen. Die geschmolzene Butter in einer Rührschüssel mit den Keksbröseln vermengen. Die Keksmasse in die Springform füllen und auf dem Boden mit einem Löffel fest andrücken. Die Springform für 20 Minuten in den Kühlschrank stellen. Wenn es besonders schnell gehen soll, kann die Springform alternativ ein paar Minuten ins Gefrierfach gestellt werden.

3. In einer Rührschüssel die Schlagsahne mit Sahnestandmittel und Vanillezucker vermischen und mit einem Mixer steif schlagen. Die steif geschlagene Sahne zunächst in den Kühlschrank stellen.

4. Die dunkle Schokolade im heißen Wasserbad bei geringer Hitze schmelzen.

5. Die steif geschlagene Sahne in zwei Schüsseln aufteilen und in die eine Hälfte die geschmolzene dunkle Schokolade einrühren.

6. Die helle Schokolade ebenfalls im heißen Wasserbad schmelzen, danach in die andere Hälfte der Sahne einrühren.

7. Die dunkle Sahne-Füllung als erste Schicht auf dem Keksboden in der Springform verteilen.

8. Die helle Schokoladen-Sahne-Masse nun als zweite Schicht auf die Schokomasse in die Springform füllen.

9. Die Torte für 4 Stunden im Kühlschrank kühlen. Vor dem Servieren die Torte mit Erdbeerscheiben garnieren.

Schoko-Nuss-Kuchen

Zutaten

180 g	Datteln
180 g	Haselnüsse
120 g	Speisestärke
200 ml	Mandeldrink
800 ml	Hafercuisine
120 g	Zartbitterschokolade
120 g	Zucker
1 TL	vegane Schokosplitter zum Garnieren
1 TL	gehackte Haselnüsse zum Garnieren

Utensilien:
Springform
(24 cm Durchmesser)

ZUBEREITUNGSZEIT
3,5 Stunden inkl. Kühlzeit

MENGE
10 Stücke

Zubereitung

1. Datteln und Haselnüsse mithilfe einer Küchenmaschine zerkleinern, bis eine klebrige Masse entsteht.

2. Die Springform mit einem Stück Backpapier auslegen und mit einem Löffel die Dattel-Nuss-Masse vorsichtig auf dem Boden der Springform verteilen. Die Masse mit dem Löffel festdrücken, sodass ein dichter Kuchenboden entsteht.

3. Die Speisestärke in eine Tasse füllen und mit dem Mandeldrink zu einer glatten Masse verrühren.

4. Die Hafercuisine mit Schokolade und Zucker in einem Topf bei hoher Temperatur aufkochen. Die Flüssigkeit dabei die ganze Zeit mit einem Schneebesen umrühren, damit sie nicht anbrennt. Nach 5 Minuten, sobald die Schokolade geschmolzen ist und die Flüssigkeit kocht, die aufgelöste Speisestärke unterrühren. Unter ständigem Rühren die Masse weitere 2 Minuten kochen, bis sie dickflüssig ist. Den so entstandenen Pudding als Füllung in die Springform umgießen.

5. Den Kuchen für mindestens 3 Stunden im Kühlschrank kühlen.

6. Vor dem Servieren den Kuchen mit Schokosplittern und Haselnüssen garnieren.

Knuspriges Schokogebäck

Zutaten

60 g vegane Butter
80 g Zucker
1 Packung veganer, frischer Blätterteig (270 g)
200 g Zartbitterschokolade

Zubereitung

1. Die Butter in einem Topf bei mittlerer Temperatur schmelzen. Wenn sie vollständig geschmolzen ist, den Topf vom Herd nehmen und den Zucker einrühren.

2. Den Blätterteig ausrollen und mittels Backpinsel mit der Zuckermasse bestreichen. Den Teig von der linken Seite als auch von der rechten Seite bis zur Mitte vorsichtig einrollen. 10 Minuten in den Kühlschrank stellen, damit die Füllung fest wird.

3. Nach der Kühlzeit den Backofen auf 180 °C (Umluft) vorheizen.

4. Aus der Teigrolle kleine Scheiben schneiden. Die Scheiben an der unteren Seite vorsichtig zusammendrücken, sodass eine Herzform entsteht.

5. Die Scheiben auf ein mit Backpapier ausgelegtes Backblech legen und 10 Minuten backen, bis sie goldbraun sind. Anschließend 15 Minuten auskühlen lassen.

6. Die Schokolade im heißen Wasserbad schmelzen. Das Gebäck zur Hälfte in die geschmolzene Schokolade tauchen und zum Aushärten auf Backpapier legen.

ZUBEREITUNGSZEIT
50 Minuten inkl. Backzeit

MENGE
24 Stück

TIPP
Am besten schmeckt das Schokogebäck frisch.

Zitroniger Gugelhupf

Zutaten

250 g	Weizenmehl Type 405
1	Päckchen Vanillezucker
1	Päckchen Backpulver
130 g	Zucker
50 g	neutrales Öl
200 ml	Mandeldrink
1–2 EL	Sprudelwasser
30 ml	Zitronensaft
½	Fläschchen Zitronenaroma (1 ml)
1 TL	Margarine

Für die Zitronenglasur:

150 g	Puderzucker
6 EL	Zitronensaft

Utensilien:
Gugelhupfform
(25 cm Durchmesser)
Backpinsel

ZUBEREITUNGSZEIT
80 Minuten inkl. Backzeit

MENGE
12 Stücke

Zubereitung

1. Den Backofen auf 180 °C (Ober-/Unterhitze) vorheizen.

2. In einer Rührschüssel Mehl, Vanillezucker, Backpulver und Zucker vermischen.

3. In einem Messbecher Öl, Mandeldrink, Mineralwasser, Zitronensaft und Zitronenaroma mit einem Schneebesen verrühren. Die flüssige Mischung zur Mehlmischung gießen und mit einem Mixer 5 Minuten auf höchster Stufe zu einem Teig verarbeiten.

4. Die Backform mithilfe eines Stücks Küchenrolle oder eines Pinsels mit der Margarine einfetten. Den Teig in der Backform verteilen. 45 Minuten auf mittlerer Schiene im Ofen backen, bis der Kuchen goldbraun ist.

5. Den fertigen Kuchen aus dem Backofen nehmen und wenigstens 15 Minuten abkühlen lassen, bevor die Glasur aufgetragen wird.

6. In einem Schälchen Puderzucker mit Zitronensaft verrühren, bis eine glatte Glasur entsteht. Mithilfe eines Backpinsels die Glasur auf den Kuchen streichen.

Backofen-Donuts

Zutaten

170 g	Weizenmehl Type 405
2 EL	Backkakao
110 g	Zucker
½	Päckchen Backpulver
1	Päckchen Vanillezucker
50 ml	neutrales Speiseöl
200 ml	Mandeldrink
1 EL	Bratöl
200 g	vegane weiße Schokolade als Glasur
1 TL	vegane Schokosplitter zum Verzieren

Utensilien:
Donutform

ZUBEREITUNGSZEIT
40 Minuten inkl. Backzeit

MENGE
20 Donuts

TIPP
Die Donuts schmecken auch nach 2 Tagen noch lecker, wenn sie in einer Frischhaltedose aufbewahrt werden.

Zubereitung

1. Den Backofen auf 180 °C (Ober-/Unterhitze) vorheizen.

2. In einer Rührschüssel Mehl, Backkakao, Zucker, Backpulver und Vanillezucker vermischen. Öl und Mandeldrink dazugeben und mit einem Mixer zu einem cremigen Teig verrühren.

3. Donutform mit Bratöl einfetten und mit dem Teig befüllen. Die Donuts 12 Minuten backen. Dann die Form aus dem Ofen nehmen und die Donuts in der Form 10 Minuten abkühlen lassen. Damit sie nicht austrocknen, ein sauberes Küchenhandtuch auf die Donuts legen.

4. Die weiße Schokolade im heißen Wasserbad schmelzen. Die abgekühlten Donuts vorsichtig aus der Form lösen und mit der weißen Schokolade und Schokosplittern verzieren.

Schoko-Nuss-Knoten

Zutaten

2	Packungen veganer, frischer Blätterteig (je 270 g)
200 g	veganer Schokocreme-Aufstrich
70 g	gemahlene Haselnüsse
Etwas	Puderzucker zum Bestäuben

ZUBEREITUNGSZEIT
20 Minuten inkl. Backzeit

MENGE
8 Stück

Zubereitung

1. Den Backofen auf 200 °C (Umluft) vorheizen.

2. Beide Blätterteige ausrollen und jeweils mit Schokocreme bestreichen. Auf einem der beiden Blätterteige die gemahlenen Haselnüsse mit einem Löffel über die Schokocreme verteilen.

3. Anschließend den nur mit Schokocreme bestrichenen Blätterteig mit der Schokoladenseite nach unten auf den Blätterteig mit Schokocreme und Haselnüssen legen. Die Teige an den Seiten zusammendrücken.

4. Mit einem Messer den Teig in 8 Streifen schneiden. Die Teigstreifen vorsichtig eindrehen und dann zu einem Kreis bzw. Knoten verbinden.

5. Die Knoten für 12 Minuten auf mittlerer Schiene im Backofen backen, bis sie goldbraun sind.

6. Am besten schmecken die Schoko-Nuss-Knoten lauwarm. Vor dem Servieren werden sie mit Puderzucker bestäubt.

Karotten-Nuss-Kuchen

Zutaten

200 g	gemahlene Haselnüsse
100 g	Weizenmehl Type 405
½	Päckchen Backpulver
150 g	Zucker
100 ml	Rapsöl
200 ml	Mandeldrink
200 g	geraspelte Karotten
1 EL	Margarine

Für das Frosting:

100 ml	pflanzliche Schlagsahne
100 g	vegane Frischkäsealternative
1 EL	Zitronensaft
150 g	Puderzucker
1 EL	Haselnüsse (als Deko)

Utensilien:
Springform
(24 cm Durchmesser)

ZUBEREITUNGSZEIT
90 Minuten inkl. Backzeit

MENGE
10 Stücke

TIPP
Den Kuchen kann man für Besuch gut vorbereiten und einen Tag zuvor backen. Das Frosting sollte erst kurz vor dem Servieren auf den Kuchen gestrichen werden.

Zubereitung

1. Den Backofen auf 180 °C (Ober-/Unterhitze) vorheizen.

2. Haselnüsse, Mehl, Backpulver und Zucker in einer Schüssel vermischen, Öl und Mandeldrink dazugeben. Mit einem Mixer alles zu einem cremigen Teig verarbeiten.

3. Die Karotten waschen, raspeln und unter den Teig heben.

4. Die Backform mit Margarine einfetten und den Teig einfüllen. Den Kuchen 45 Minuten auf mittlerer Schiene backen. Nach der Backzeit den Kuchen 15 Minuten auf einem Kuchengitter abkühlen lassen.

5. In der Zwischenzeit das Frosting zubereiten. Dazu die Schlagsahne steif schlagen und mit der Frischkäsealternative, Zitronensaft und Puderzucker zu einer cremigen Masse verrühren. Das Frosting auf den abgekühlten Kuchen streichen.

6. Die Haselnüsse mit einem Messer hacken und als Deko auf das Frosting streuen. Der Kuchen ist nun servierfertig.

Cheesecake mit zimtigen Bratäpfeln

Zutaten

150 g	Margarine + 1 EL zum Einfetten der Backform
130 g	Zucker
1	Päckchen Vanillezucker
300 g	Mehl
½	Päckchen Backpulver
2 EL	Apfelmark

Für die Füllung:

60 g	Margarine
2	Äpfel
150 g	Zucker + 1 EL für die Zimt-Zucker-Mischung
1 TL	Zimt
700 g	vegane Quark-Alternative (Skyr)
Saft	einer ½ Zitrone
2	Packungen Vanillepuddingpulver (zum Kochen)

Utensilien:
Springform
(26 cm Durchmesser)

ZUBEREITUNGSZEIT
100 Minuten inkl. Backzeit

MENGE
12 Stücke

Zubereitung

1. Die Backform mit Margarine einfetten und den Backofen auf 180 °C (Ober-/Unterhitze) vorheizen.

2. In einer Rührschüssel Zucker, Vanillezucker, Mehl und Backpulver miteinander vermischen. Margarine und Apfelmark dazugeben und alles mit einem Mixer zu einem Teig verarbeiten. ¾ der Teigmasse auf dem Boden der Backform auslegen. Mit ¼ des Teiges einen ca. 3 Zentimeter hohen Rand formen.

3. Für die Füllung die Margarine in einem kleinen Topf bei mittlerer Hitze schmelzen.

4. Die Äpfel entkernen, klein schneiden und in einer separaten Schüssel mit 1 Esslöffel Zucker und Zimt vermischen. Das Apfelgemisch (bis auf 1 Esslöffel, der nachher oben auf den Kuchen als Deko gelegt wird) auf dem Boden des Teigs verteilen.

5. Die geschmolzene Margarine mit Zucker, Quark und Zitronensaft in einer Rührschüssel vermischen. Puddingpulver dazugeben und mit einem Mixer zu einer cremigen Masse verarbeiten. Die Puddingmasse in die Backform füllen und den Kuchen 60 Minuten im Ofen backen.

6. Den Kuchen aus dem Backofen nehmen, wenn er goldbraun ist, und dann mindestens 30 Minuten abkühlen lassen.

7. Vor dem Servieren den Kuchen mit Puderzucker bestäuben und die restlichen Äpfel als Dekoration obendrauf legen.

Marzipan-Nuss-Strietzel

Zutaten

½	Würfel Hefe
200 ml	lauwarmer Mandeldrink
330 g	Weizenmehl Type 405
40 g	Zucker

Für die Füllung:

125 g	Marzipanrohmasse
100 g	gemahlene Haselnüsse
40 g	vegane Butter (Zimmertemperatur)
60 g	Zucker
50 ml	Mandeldrink + 3 EL zum Bestreichen
Etwas	Puderzucker zum Bestäuben

ZUBEREITUNGSZEIT
2,5 Stunden inkl. Backzeit

MENGE
8 Stücke

TIPP
Das Marzipan lässt sich leichter reiben, wenn es vorher im Kühlschrank aufbewahrt wurde. Die Haselnüsse können auch gegen Walnüsse oder gemahlenen Mohn getauscht werden.

Zubereitung

1. Die Hefe im lauwarmen Mandeldrink auflösen und vorsichtig mit einem Esslöffel verrühren.

2. Das Mehl mit dem Zucker in einer Rührschüssel vermischen. In das Mehl eine Mulde drücken und die Mandeldrink-Hefemischung in die Mulde gießen. Die Zutaten 5 Minuten verkneten, bis eine feste Teigmasse entsteht. Den Teig mit einem sauberen Küchenhandtuch abdecken und an einem warmen Ort 1 Stunde gehen lassen. Nach der Gehzeit den Teig nochmals durchkneten und auf einer bemehlten Fläche zu einem Quadrat ausrollen.

3. Den Backofen auf 180 °C (Umluft) vorheizen.

4. Für die Nussfüllung das Marzipan mit einer Küchenreibe raspeln und mit Haselnüssen, Butter, Zucker und Mandeldrink verkneten.

5. Den Teig mit der Nussfüllung bestreichen und von einer Seite einrollen. Die Teigrolle mittig bis ca. 3 cm zum unteren Rand durchschneiden (die letzten Zentimeter bleiben zusammen).

6. Aus den Hälften einen Zopf flechten. Die Innenseiten dabei vorsichtig nach außen drehen, sodass die Füllung zu sehen ist. Den Hefezopf mit dem Mandeldrink bestreichen, auf ein mit Backpapier ausgelegtes Backblech legen und 25 Minuten auf mittlerer Schiene im Ofen backen.

7. Nach der Backzeit den Hefezopf 10 Minuten abkühlen lassen. Vor dem Servieren nach Belieben mit Puderzucker bestäuben.

Apfelkuchen mit Marzipan

Zutaten

450 g	Weizenmehl Type 405
120 g	Zucker
1	Päckchen Backpulver
3 TL	Zimt
80 g	Marzipanrohmasse
350 ml	Mandeldrink
150 ml	neutrales Öl
4	kleine Äpfel
1	Päckchen Vanillezucker
Etwas	Margarine zum Einfetten der Backform
2 EL	Puderzucker zum Bestäuben

Utensilien:
Springform
(28 cm Durchmesser)

ZUBEREITUNGSZEIT
70 Minuten inkl. Backzeit

MENGE
14 Stücke

TIPP
Das Marzipan lässt sich leichter reiben, wenn es vorher im Kühlschrank aufbewahrt wurde. Falls du kein Fan von Äpfeln bist, kannst du den Kuchen alternativ mit Pflaumen backen.

Zubereitung

1. Den Backofen auf 180 °C (Ober-/Unterhitze) vorheizen.

2. In einer Rührschüssel Mehl, Zucker, Backpulver und 1 Teelöffel Zimt miteinander vermischen.

3. Das Marzipan mit einer Küchenreibe raspeln. Mandeldrink und Öl in einem Messbecher verrühren. Das Mandeldrink-Öl-Gemisch zu den trockenen Zutaten geben und alles mit einem Mixer zu einem Teig verarbeiten. Die Marzipanstückchen mit einem Löffel unter den Teig mischen.

4. Die Äpfel schälen, würfeln und mit 2 Teelöffeln Zimt und 1 Päckchen Vanillezucker vermischen.

5. Die Springform einfetten und den Teig einfüllen. Die Apfel-Mischung auf dem Teig verteilen und mit einem Löffel vorsichtig in den Teig drücken.

6. Den Kuchen 45 Minuten auf mittlerer Schiene im Ofen backen. Nach der Backzeit den Kuchen 10 Minuten auskühlen lassen und dann vorsichtig aus der Form lösen. Vor dem Servieren den Kuchen mit dem Puderzucker bestäuben.

Lebkuchen

Zutaten

100 g	gemahlene Haselnüsse
100 g	gemahlene Mandeln
300 g	Weizenmehl Type 405
2 TL	Zimt
1 TL	Lebkuchengewürz
1	Päckchen Backpulver
140 g	Zucker
40 g	Backkakao
350 ml	Mandeldrink
100 ml	neutrales Öl
Etwas	Margarine zum Einfetten der Backform

Für die Glasur:

300 g	Zartbitter-Kuvertüre
2 TL	Lebkuchengewürz

Utensilien:
Lebkuchen-Backform (Sterne/Herzen/Brezeln)

ZUBEREITUNGSZEIT
60 Minuten inkl. Backzeit

MENGE
24 Stücke

TIPP
Aus einer Frischhaltedose schmecken die Lebkuchen auch nach 2 Tagen noch lecker. Falls du keine Backform für Lebkuchen besitzt, kannst du alternativ auch eine Brownie-Backform benutzen.

Zubereitung

1. Den Backofen auf 180 °C (Ober-/Unterhitze) vorheizen.
2. In einer großen Rührschüssel Haselnüsse, Mandeln, Mehl, Zimt, Lebkuchengewürz, Backpulver, Zucker und Backkakao miteinander vermischen. Mandeldrink und Öl in einem Messbecher verrühren und in die Rührschüssel gießen. Die Zutaten mit einem Mixer zu einem cremigen Teig verarbeiten.
3. Die Lebkuchenform einfetten und den Teig in die Förmchen füllen.
4. Die Lebkuchen 15 Minuten im Ofen backen. Fertige Lebkuchen 10 Minuten abkühlen lassen, bevor sie vorsichtig aus der Form gelöst werden.
5. Die Kuvertüre in Stücke brechen und im heißen Wasserbad schmelzen. Lebkuchengewürz unter die flüssige Kuvertüre mischen. Die Kuvertüre in ein Schälchen füllen und die Lebkuchen von beiden Seiten vorsichtig hineintauchen. Die überzogenen Lebkuchen zum »Trocknen« auf Backpapier legen.

Vanillekipferl

Zutaten

300 g	Weizenmehl Type 405
100 g	Zucker
250 g	vegane Butter
130 g	gemahlene Mandeln
3	Päckchen Vanillezucker
100 g	Puderzucker

ZUBEREITUNGSZEIT
2 Stunden inkl. Back- und Kühlzeit

MENGE
2 Backbleche Kekse

TIPP
In einer Metalldose bleiben die Kekse 7 Tage frisch. Vor dem Servieren nochmals die Zuckermischung mithilfe des Siebs über die Kekse streuen.

Zubereitung

1. Mehl, Zucker, Butter und Mandeln in eine große Rührschüssel geben und zu einem festen Teig verkneten. Den Teig in Frischhaltefolie einrollen und 1 Stunde in den Kühlschrank legen.

2. Zum Ende der Kühlzeit den Backofen auf 170 °C (Umluft) vorheizen.

3. Aus dem Teig Kipferl formen. Die Kipferl auf ein mit Backpapier ausgelegtes Backblech legen und für 10–15 Minuten backen. Die Plätzchen aus dem Backofen nehmen, sobald sie braun werden.

4. Vanillezucker und Puderzucker in einen tiefen Teller füllen und miteinander vermischen.

5. Die Plätzchen 10 Minuten abkühlen lassen (da sie ansonsten brechen) und dann vorsichtig in der Zuckermischung wälzen und auf einen Teller legen.

6. Vor dem Servieren nochmals mit einem Sieb die Zuckermischung über die Kekse streuen.

Marmeladenplätzchen

Zutaten

200 g	weiche vegane Butter
100 g	Zucker
1	Päckchen Vanillezucker
2 EL	Apfelmark
350 g	Weizenmehl Type 405
100 g	Himbeermarmelade
80 g	Puderzucker

Utensilien:
sternförmige Keksausstecher (groß und klein)

ZUBEREITUNGSZEIT
60 Minuten inkl. Backzeit

MENGE
30 Plätzchen

TIPP
In einer Metalldose halten sich die Plätzchen 7 Tage frisch.

Zubereitung

1. Die Butter mit Zucker und Vanillezucker in eine Rührschüssel geben und mit dem Mixer 4 Minuten schaumig schlagen. Das Apfelmark unterrühren. Das Mehl dazugeben und alles mit einem Knethaken zu einem kompakten Teig verarbeiten. Den Teig zu einer Rolle formen, in Frischhaltefolie wickeln und 1 Stunde in den Kühlschrank legen. Nach der Kühlzeit den Teig 10 Minuten bei Zimmertemperatur ruhen lassen, damit man ihn besser ausrollen kann.

2. Den Backofen auf 170 °C (Umluft) vorheizen.

3. Den Teig ausrollen. Mit einem großen sternförmigen Keksausstecher Kekse aus dem Teig ausstechen und diese auf ein mit Backpapier belegtes Backblech legen. Mit einem kleineren sternförmigen Keksausstecher in die Hälfte der Kekse ein Loch stechen, sodass Ober- und Unterteile für die (späteren) Plätzchen entstehen.

4. Die Kekse 10 Minuten im Ofen backen. Dabei darauf achten, dass sie nicht zu dunkel werden.

5. Die fertigen Kekse 5 Minuten abkühlen lassen, bevor sie weiterverarbeitet werden.

6. Auf die unteren Keksteile jeweils einen Klecks Marmelade geben, die oberen Hälften (mit dem Loch in der Mitte) mittels Sieb mit Puderzucker bestäuben. Anschließend Ober- und Unterteil aufeinander legen.

Register

Impressum

1. Auflage

Projektleitung: Vanessa Silbermann
Textredaktion: Matthias Liesendahl
Korrektorat: Katharina Pöhls

Bildnachweis
Food- und Peoplefotografie: Nina Witt
Illustrationen: OH, JA! (www.oh-ja.com)

Umschlaggestaltung, Innenlayout, Satz: OH, JA! (www.oh-ja.com)
Herstellung: Timo Wenda
Reproduktion: Mohn Media Mohndruck GmbH, Gütersloh
Druck und Bindung: Firmengruppe APPL, aprinta druck, Wemding

Printed in Germany

MIX
Papier | Fördert gute Waldnutzung
FSC® C004592
FSC www.fsc.org

Penguin Random House Verlagsgruppe FSC® N001967

ISBN 978-3-517-10224-5
www.suedwest-verlag.de